고난의 때를 넘는 견고한

돌보심

고난의 때를 넘는 견고한

돌보심

초판 1쇄 발행 2014년 2월 15일
초판 6쇄 발행 2014년 3월 27일

지은이 오정현
펴낸곳 국제제자훈련원
펴낸이 사단법인 사랑플러스
등록번호 제2013-000170호(2013년 9월 25일)
주소 서울시 서초구 효령로 68길 98 (서초동)
전화 02-3489-4300 팩스 02-3489-4329
E-mail dmipress@sarang.org

ISBN 978-89-5731-643-6 03230
* 가격은 표지 뒷면에 있습니다.

고난의 때를 넘는 견고한

돌보심

오정현 지음

은총의 바람이 불 때는
주님을 향해
영혼의 닻을 올려라!

국제제자훈련원

근심 속에서도 기뻐하는 영적인 하루살이의 은혜를!

"그리스도인은 하루하루를 어떻게 살아야 하는가?" 이것은 아마도 모든 목회자의 심중에 깔린 질문일 것입니다. 여기에는 "어떻게 사는 것이 진정으로 그리스도인답게 사는 걸까?" 하는 단순하지만 결코 쉽지 않은 내용이 담겨 있습니다. 지난 30여 년의 사역을 돌아보면, 의식하거나 때로 의식하지 못했을 때조차 이 질문은 제 목회의 방향을 세우는 데 길잡이 역할을 했습니다.

베드로전서는 이 질문에 정면으로 답하는 서신서라고 할 수 있습니다. 현재 우리 삶이 아무리 팍팍하다 해도, 대부분의 신자들은 베드로가 보낸 편지를 받고 눈물 흘렸을 당시 그리스도인들처럼 '불같은 시험'을 겪고 있는 상황은 아닐 것입니다. 신자들이 당한 고통이 얼마나 처절했는지 베드로전서는 신약에서 고난에 대한 언급이 가장 많은 성경입니다. 아마도 이 글을 쓴 베드로 사도는 성도들이 당하는 불같이 맹렬한 시련을 체감하면서 그 마음이 찢겨지고 물처럼 녹아내렸을 것입니다.

이 땅은 죄의 심판대 위에 있기 때문에 '그 어느 한 순간도' 고난의 진공상태에 있는 사람은 아무도 없습니다. 그리고 삶의 고통은 그것이 무엇이든 간에 그만큼의 깊이와 무게가 있기에 "너의 고통은 나의 고통보다 못하다"고 말할 수 없으며, 그렇기 때문에 진정으로 고통을 경험한 사람은 다른 사람의 고통에 대해 "이렇게 하라, 저렇게 하라"는 식으로 해결책을 제시하지 않습니다. 또 고통은 그런 식으로 해결되지도 않습니다.

그러면 그리스도인은 고난이나 고통이 일상화 된 세상에서 어떻게 자존감을 지키며 세상 사람과 다르게 살아갈 수 있을까요? 바로 베드로전서가 그 길을 제시하고 있습니다. 예수 믿는 사람들에게는 이미 우리 앞에서 지극한 고난과 고통의 길을 가신 분이 있다는 사실이 얼마나 위로가 되는지 모릅니다. 그런 분을 붙잡고 일평생 함께 갈 수 있다는 것은 무엇보다 큰 특권입니다.

제가 평생에 간직하면서 제 삶을 추스르는 말씀이 있습니다.

"근심하는 자 같으나 항상 기뻐하고"_고후 6:10.

우리 주변을 돌아보면 근심할 수밖에 없는 상황이 연속해서 펼쳐집니다. 그런데 믿는 자들에게는 "항상 기뻐하고"의 길이 열려 있습니다. 이것이 은혜입니다. 이 은혜를 베드로는 "잠깐 근심하게 되지 않을 수 없으나 오히려 크게 기뻐하는도다"[벧전 1:6]라고 표현합니다. 바울과 베드로는 고난에 대해 같은 말을 합니다. 이것은 예수님을 구주로 모신 사람들이 갖는 영적인 공통분모의 고백이요 삶이라고 할 수 있습니다.

이제 처음에 던진 "그리스도인은 하루하루를 어떻게 살아야 하는가?"라는 질문에 대답할 수 있습니다. 그리스도인은 우리의 고통을 체휼하시는 예수님의 돌보심으로, 만져주심으로 하루하루를 살아갈 수 있습니다. 진짜 그리스도인은 광야에서 매일의 만나를 먹고 산 이스라엘 백성처럼 하루치의 은혜를 먹고 살다가 다음 날 또 새로운 하루치의 은혜를 먹으며 살아가는, 영적인 하루살이 그리스도인이라고 할 수 있습니다. 이 영적인 하루살이의 은혜에 눈을 뜨면 '하루하루를 그리스도인으로서' 살아갈 수가 있습니다. 베드로전서는 지금 우리가 당하는 고난이 설사 불같은 시험이라고 할지라도 그 속에서 충분히 기쁨을 누리며 살 수 있음을 선언하는 모든 신앙인의 권리장전입니다.

제 삶에서 이 하루살이의 은혜가 없었다면 저는 지금의 자리에 있지 못했을 것입니다. 이 책을 읽는 이들이, 특히 지금 고통의 강을 지나는 모든 사람들이, 예수님의 돌보심 안에서 영적인 하루살이의 은혜를 경험하며 살기를 진심으로 소망합니다.

책이 출간되기까지 수고한 모든 분에게 감사를 전합니다.

2014년, 은혜의 원년에

오정현

믿음의 고난 가운데
견고한 돌보심

¹예수 그리스도의 사도 베드로는 본도, 갈라디아, 갑바도기아, 아시아와 비두니아에 흩어진 나그네 ²곧 하나님 아버지의 미리 아심을 따라 성령이 거룩하게 하심으로 순종함과 예수 그리스도의 피 뿌림을 얻기 위하여 택하심을 받은 자들에게 편지하노니 은혜와 평강이 너희에게 더욱 많을지어다

1 PETER

1장

땅에서 사는
거룩한 나그네

"나그네의 원형이 되신 예수님을 생명의 주님으로 모시는 사람은
주님과 마찬가지로 나그네가 되는 것입니다."

베드로의 패러다임 쇼크

베드로전서의 저자인 사도 베드로는 예수님으로 인해 강력한 변화를 맛본 사람입니다. 그는 본래 자신을 드러내거나 나서기를 좋아했고, 자신의 이름이 널리 퍼지기를 원했습니다. 그런 그가 예수님을 만나 제자가 되고 변화되었습니다. 그저 머리로 예수님을 아는 것이 아니라 삶 자체가 변화된 것입니다.

베드로전서 1장을 보면 베드로가 하나님을 찬양하는 고백이 나옵니다.

"우리 주 예수 그리스도의 아버지 하나님을 찬송하리로다"_벧전 1:3.

이 말씀을 헬라어 원문으로 보면 단순히 찬송하는 것이 아니라 변화된 자신의 모습으로 인해 폭발적으로 찬송하고 감동하는 것임을 알 수 있습니다. 주님 안에서 자신이 맞이한 변화가 단지 머리로 깨달은 것이 아니라 온몸으로 이루어낸 것이라는 고백입니다.

그렇다면 베드로는 어떻게 이런 강력한 변화를 경험했을까요? 베드로는 본래 앞장서기를 좋아하던 사람입니다. 뿐만 아니라 그는 고정관념도 강했습니다. 생각이 경직되고, 고지식했습니다. 유대적 전통에 익숙했습니다.

그 당시 유대인들은 예수님이 자신들만을 위해 이 세상에 오셨다고 생각했습니다. 유대인 외에는 구원받을 자격이 없다고 여겼습니다. 베드로도 그런 생각에서 자유롭지 못했습니다. 주님은 그런 그의 사고방식을 완전히 바꾸시기 위해 사도행전 10장에 나오는 고넬료를 베드로에게 보내셨습니다. 그를 통해 유대인이 아닌 사람도 구원받을 수 있음을 보여 주셨습니다.

베드로의 환상 중에 네발 가진 짐승과 기는 것과 공중에 나는 것들이 보자기 같은 그릇에 담겨 하늘에서 내려오며 주님의 음성이 들렸습니다. "베드로야 일어나 잡아먹어라"^{행 10:13}. 이것은 율법이 부정한 음식이라고 한 것들이었습니다. 베드로는 한사코 거부했습니다. 하나님은 세 번이나 베드로에게 음식 먹기를 청하시더니 그릇을 하늘로 가져가셨습니다. 이 환상을 본 베드로는 의아했습니다. 그때 고넬료가 보낸 사람들이 그를 찾아왔고, 고넬료의 집으로 간 그는 고넬료에게 설교를 하고 세례를 베풀었습니다. 베드로는 복음이 유대인과 이방인을 구별하지 않는다는 하나님의 깊은 뜻을 깨닫고, 이방 사람들도 구원받을 수 있음을 알게 된 것입니다. 이로써 베드로는 이방인 고넬료를 구원하시는 하나님의 신실한 도구로 쓰임받게 되었습니다. 이 사건은 베드로에게 엄청난 패러다임 쇼크였습니다.

세상 신념보다 하나님의 진리

"예수 그리스도의 피 뿌림을 얻기 위하여 택하심을 받은 자들에게"_벧전 1:2.

2천 년 전 "택하심"이라는 말은 유대인들이 전용하는 단어였습니다. 그런데 베드로는 자신의 선입견을 깨고 새로운 차원으로 "본도, 갈라디아, 갑바도기아, 아시아와 비두니아에 흩어진 나그네"벧전 1:1 라고 말했습니다. 여러 곳에 흩어진 나그네들이 모두 예수님의 피로 택하심을 받았다는 것입니다. 이것은 유대인뿐만 아니라 모든 사람이 선택받은 자들임을 의미합니다. 평생 가지고 있던 베드로의 고정관념이 깨어지는 순간입니다.

우리는 집단적 고집에 사로잡혀 살 때가 많습니다. 한번 척지면 대를 이어서 싸웁니다. 집단적 편 가르기로 서로에게 상처 되는 말을 퍼붓고 평행선을 그은 채 이견을 좁히려 하지 않습니다. 이렇게 한쪽으로 치우친 지성은 결국 이성을 마비시킵니다. 또한 집단적 고집은 젊은 생각을 하지 못합니다. 고인 물이 썩듯이 말입니다. '젊음'이란 기대와 두근거림과 미래를 꿈꾸는 긍정적이고 신선한 단어입니다. 고집과 아집에서 헤어나지 못하면 그것은 젊음이 아닙니다.

우리는 하나님 나라에 속한 사람들입니다. 세상의 신념보다 하나님의 진리가 우선입니다. 내가 믿고 싶은 것을 믿는 것이 아니라 하나님의 택하심과 인도하심에 순종해야 합니다. 그러므로 우리는 유대인과 이방인, 내 편 네 편 하고 가르기보다, 하나님이 주시는 균형 감각을 유지해야 합니다. 개인의 신념을 고집하지 않고 하나님의 음성에 귀 기울이며 나아갈 길을 물을 때, 평화가 강물처럼 흘러넘치게 됩니다.

나그네이자 동시에 주인

베드로는 하나님 나라를 위해 자신의 고정관념을 깨뜨리고 주님이 주신 마음으로 채웠습니다. 그를 통해 하나님의 말씀을 받은 나그네들은 예수 그리스도의 택하심을 받은 자들이 되었습니다.

예수님을 따르는 우리는 어느 한쪽에 치우친 존재가 아닙니다. 하나님을 섬기는 우리는 복합적인 정체성을 가졌습니다. 하나는 흩어진 나그네이고, 또 하나는 하나님 앞에서 택하심을 받은 백성입니다. 다시 말해 하나님께는 택하심을 받았지만, 세상적으로는 핍박을 받으며 외로운 나그네의 삶을 살 수 있다는 의미입니다. 주님의 자녀로서 특권을 누리지만, 반대로 세상에서는 공격받을 수 있습니다. 하나님은 우리를 알아주시지만 세상 사람들은 우리를 거부할 수 있다는 것입니다.

하나님의 택하심을 받은 나그네의 삶을 묵상하면서 십자가를 떠올리지 않을 수가 없습니다. 그 옛날, 십자가는 고통과 박해의 상징이었습니다. 그러나 그리스도인들에게 있어서 십자가는 세상의 고통을 이겨낼 수 있는 하나님의 능력이 됩니다. 성경학자 앨리스터 맥그래스Alister McGrath는 이렇게 말했습니다. "기독교의 십자가는 이 땅의 고통 속에 감추인 하늘의 영광이라고 할 수 있다. 고통과 영광이라는 이중적이고 복합적인 의미가 있다."

우리는 이 땅에서 살아가며 천국 본향을 바라보는 나그네인 동시에 하나님이 창조하신 세상을 돌봐야 하는 주인이기도 합니다. 즉, 나그네 의식과 주인 의식이 혼재되어 있는 것입니다. 존 스토트John Stott는 이 두 가지를 잘 병행해야 한다고 말했습니다.

영국의 소설가 찰스 디킨스Charles Dickens는 《두 도시 이야기》라는 작품에서 런던과 파리에 대해 묘사하며 프랑스 혁명을 다루었습니다. 그때는 최고의 시기이자 동시에 최악의 시기였고, 당연히 그 시대를 산 사람들에게도 최고와 최악이 공존하는 모습이 드러났습니다.

그리스도인들도 최고와 최악이 공존하는 두 도시에 사는 사람들과 같습니다. 우리는 하나님 나라의 백성으로 살아감과 동시에 이 땅에서의 박해와 어려움을 짊어지고 살아야 할 운명을 갖고 있습니다. 우리는 최고의 선택으로 축복받을 때도 있지만, 최악의 환경을 맞닥뜨릴 수도 있습니다. 우리는 이 두 가지 환경에서 신음하거나 낙담하지 말고 예수님의 사랑을 바라보아야 합니다. 이 위대한 사랑의 승화가 복합적인 정체성을 새롭게 융합시키며 약속의 땅으로 나아갈 수 있게 합니다.

나그네의 원형 예수 그리스도

세상과의 관계에 있어서 우리는 거룩한 나그네입니다. 우리의 본향은 천국이기 때문입니다. 그런데 이 거룩한 나그네의 삶을 이해하려면 그 원형이 되시는 예수 그리스도에 대해 알아야 합니다. 예수님은 하늘 보좌를 버리시고 누추하고 고통스럽고 낯선 세상에 내려오셨습니다. 그러면서도 그분은 이 세상에 속하지 않으셨습니다.

"나그네의 원형으로서의 예수 그리스도께서는 이 세상에 보내지셨지만_{sent into the world} 이 세상에 속하지 아니한 분이시다_{but not of the world}."

이렇게 나그네의 원형이 되신 예수님을 생명의 주님으로 모시는 사람은 주님과 마찬가지로 나그네가 되는 것입니다. 주님이 이 땅에 오셔서 순종하시고 사명을 완수하신 것처럼 우리도 이 땅에서 하나님의 뜻에 순종하고 사명을 완성하는 삶을 살아야 합니다.

본래 '나그네'라는 말은 흩어진 씨앗들, 원어적으로 보면 생명의 씨앗, 복음의 씨앗, 말씀의 씨앗을 의미합니다. 이 씨앗이 파종되는 곳마다 생명의 역사가 일어납니다. 그곳이 도시든, 시골이든, 교실이든, 직장이든 세상 사람들과 다른 모습으로 생명의 역사가 일어납니다. 그러나 이 세상은 예수 그리스도의 복음 안에서 나그네로 사는 삶을 이해하지 못합니다. 낯선 나그네의 삶을 사는 그리스도인을 두려워하여 대적하고 배척합니다. 그들에게 우리는 낯선 나그네일 뿐입니다. 하지만 우리의 정체성은 하나님 앞에서 거룩한 나그네입니다.

그리스도인 사업가는 여느 사업가들과 달리 정직하게 사업을 해야 합니다. 주위에서 뇌물과 편법으로 유혹한다 해도 단호히 거절하며 깨끗한 거래를 해야 합니다. 그것이 거룩한 나그네로서의 자세이며 삶입니다. 비록 손해를 보고 계약이 성사되지 않더라도 그것을 감수해야 합니다. 우리는 거룩한 나그네이기 때문입니다.

특히 젊은이들은 마치 주님께 하듯 생각과 마음을 집중하여 이 땅의 거룩한 나그네로 살아가는 삶을 훈련해야 합니다. 늘 기도와 말씀 묵상으로 주님 앞에서 중심을 잡아야 합니다.

어린 시절 제가 겪은 신앙생활의 어려움은 주일성수였습니다. 당시는 중학교 때부터 입시경쟁이 치열해서 주일에도 자주 모의고사를 치렀습니다. 그런데 저는 주일성수를 하느라 모의고사를 볼 수 없었고, 월요일이면 담임선생님의 꾸중을 들어야 했습니다. 생물 시간에는 진화론 대신 창조론이 옳다고 주장해서 혼이 날 수밖에 없었습니다. 돌아보면 어린 시절의 거룩한 나그네 경험이었습니다.

우리는 몸담고 있는 회사에서 그리스도인으로서 시험에 드는 경우를 많이 직면하게 됩니다. 그때마다 주님을 바라보며 거룩한 나그네로 살기로 결심하십시오. 아무리 억울하고 원통한 일을 당해도 세상적인 방법으로 푸는 것이 아니라 주님께 그 고통을 호소하고 기도할 때, 주님이 길을 열어주실 것입니다.

거룩한 나그네의 중심 잡기

여기서 손양원 목사님의 이야기를 하지 않을 수가 없습니다. 그는 한국이 낳은 위대한 주의 종입니다. 그의 자녀인 손동인, 손동신도 놀라운 믿음의 소유자입니다. 당시 여수, 순천에서 반란 사건이 있었습니다. 그 반란 때문에 여수, 순천이 공산당에게 점령당했습니다. 그때 공산당들이 제일 먼저 한 일은 예수 믿는 사람들을 색출해서 죽이는 것이었습니다.

손양원 목사님의 아들인 손동인과 손동신도 예외는 아니었습니다. 공산당들은 배교하면 살려주겠다고 했지만, 손동인은 그것을 거부하고 신앙을 지켰습니다. 손동인은 자신이 믿는 예수님을 그들이 믿고 평화의 사람이 되기를 간청했습니다.

동생 손동신 역시 배교하면 살려주겠다는 제안을 받았지만, 그도 형과 같은 신앙 고백을 했습니다. 마지막으로 죽기 전에 할 말이 없느냐고 했을 때, "하늘 가는 밝은 길이 내 앞에 있으니 슬픈 일을 많이 보고 늘 고생하여도… 내가 천성 바라보고 가까이 왔으니… 나는 부족하여도 영접하실 터이니"_{찬송가 493장}라는 찬송을 불렀습니다. 그리고 끝내 총살을 당했습니다. 손동인, 손동신 형제는 거룩한 나그네의 삶을 산 것입니다.

두 아들을 잃는 아픔을 겪은 손양원 목사님은 장례식에서 담담히 고백했습니다. "아들 하나를 순교자로 바쳐도 귀한 일이거늘 아들 둘을 순교자로 바치니 나는 얼마나 영광스러운가!" 이것이 진정 거룩한 나그네의 표본이 아니고 무엇이겠습니까? 손양원 목사님은 여기서 끝나지 않고 자신의 아들 형제를 괴롭히고 죽음으로 몰아넣은 안재선 씨가 여수 감옥에 갇혀 사형선고를 받았을 때 그를 자신의 양자로 삼기로 결심했습니다. 모든 것을 주님의 사랑으로 끌어안은 것입니다. 그야말로 거룩한 나그네로 산 것이 아니고 무엇이겠습니까?

오늘을 사는 우리는 모두 손양원 목사님이나 그의 두 아들처럼 살 수는 없습니다. 핍박하는 세상을 등지고 환영받지 못하는 왕따처럼 살아서도 안 됩니다. 그리스도인은 혼자 따로 살아서는 안 되며 그렇게 살 수도 없습니다. 중요한 것은 우리가 이 세상에 살지만 이 세상에 속하지 않은 거룩한 이방인으로서 중심을 잡아야 한다는 것입니다. 우리는 주일날 예배를 드리고 나면 각자 흩어져 자신의 삶을 삽니다. 그때가 바로 거룩한 나그네로 살아야 할 때입니다.

> "또 내가 보니 보라 어린양이 시온 산에 섰고 그와 함께 십사만 사천이 서 있는데 그들의 이마에는 어린양의 이름과 그 아버지의 이름을 쓴 것이 있더라" _계 14:1.

"십사만 사천"은 구원받은 하나님의 백성들을 상징적으로 표현한 것입니다. 구원받은 하나님의 백성들은 공통적으로 그들의 이마에 어린양의 이름과 그 아버지의 이름이 쓰여 있습니다. 얼굴은 그 사람의 인격을 나타냅니다. 이마의 중심에 어린양의 이름과 하나님 아버지의 이름이 쓰여 있다는 것은 예수 그리스도 안에서의 정체성을 표현한 것입니다. 다시 말해 거룩한 나그네의 정체성을 가졌다는 뜻입니다.

그러나 많은 그리스도인들이 주 중에는 세속의 모자를 쓴 채 거룩한 나그네 의식을 망각하며 살아갑니다. 우리는 믿음의 중심을 잡고 세속의 모자를 벗어 하나님 나라의 신실한 백성으로 살아야 할 것입니다.

진짜 그리스도인

우리의 복합적인 정체성은, 세상과의 관계에서 나타나는 정체성과 하나님과의 관계에서 나타나는 정체성입니다. 세상 속에서 사는 우리는 매 순간 그리스도인의 정체성을 시험당합니다.

기독교 직장사역연구소에서 발간하는 《월간 직장사역》에 '진짜 그리스도인이라서 죄송합니다'라는 제목의 글이 실렸습니다. 중국에 있는 한국의 모 전자회사에 근무하는 A 부장은 질 좋은 노트북 케이스를 만드는 회사를 수소문하던 중 대만에 있는 한 회사를 알아냈습니다. 그런데 그 회사 사장이 한국에 있는 모 전자회사에는 절대로 자재를 납품하지 않으려 한다는 사실을 알았습니다. A 부장은 대만 회사 직원에게 어떻게 해서든지 사장과의 만남을 주선해달라고 부탁했습니다. 그리고 하나님께 도움을 구하는 기도를 간절히 올렸습니다.

A 부장은 천신만고 끝에 대만 회사 사장을 만날 기회를 얻게 되었고, 떨리는 마음으로 미팅 장소로 나갔습니다. 그런데 대만 회사 사장은 A 부장이 한국 회사 사람인 줄 모르고 나온 것이었습니다. 사장이 어느 나라 회사냐고 묻자 A 부장은 잠시 망설이다가 솔직하게 한국의 전자회사라고 밝혔습니다. 그 말을 들은 사장은 얼굴이 당장 굳어지더니 미팅을 주선한 직원을 호통했습니다. 일이 수포로 돌아가자 대만 회사 직원은 A 부장을 만나 위로의 의미로 담배를 권했습니다. 그때 A 부장은 담배를 거절하며 이렇게 말했습니다.

"저희 회사를 위해 애를 많이 써주어 고맙습니다. 그리고 저는 하나님을 믿는 그리스도인이어서 담배를 피우지 않습니다. 저는 진짜 그리스도인이거든요. 진짜 그리스도인은 세 가지를 하지 않습니다. 첫째, 술, 담배를 즐기지 않습니다. 둘째, 아내 이외에 다른 여자를 가까이하지 않습니다. 셋째, 거짓말을 하지 않습니다. 당신 회사 사장님 앞에서 거짓말을 하지 않고 한국 회사라고 밝힌 것도 이 때문입니다."

A 부장은 정중히 인사를 하고 돌아서 나왔습니다. 그런데 잠시 후 그

직원이 달려 나오더니 그를 붙잡았습니다. "부장님, 우리 사장님께서 당신을 다시 만나겠다고 하십니다. 그분도 진짜 그리스도인이시거든요." 마침내 A 부장은 대만 회사의 노트북 케이스를 대량으로 주문할 수 있게 되었습니다.

우리가 거룩한 나그네로 산다고 해서 모든 일이 잘 풀리는 것은 아닙니다. 하지만 우리의 정체성을 지키며 살다 보면 하나님이 주시는 음성이 있을 것입니다.

겸손과 낮아짐의 무장

"하나님 아버지의 미리 아심을 따라 성령이 거룩하게 하심으로 순종함과 예수 그리스도의 피 뿌림을 얻기 위하여 택하심을 받은 자들에게 편지하노니" _벧전 1:2.

우리는 하나님의 미리 아심으로 선택받은 존재입니다. 또한 성령으로 거룩함을 입은 사람이며, 예수 그리스도의 피 뿌림을 얻은 사람입니다. 이처럼 삼위일체적인 것이 우리의 정체성입니다. 이것은 거룩한 나그네로 살아갈 수 있는 원동력이 되며, 우리의 이력이자 밑천이 됩니다.

첫째, 하나님께 선택받았다는 것은 우리가 하나님께 최고의 존재라는 의미입니다. 우리는 영적 전쟁을 치르기 위해 잘 준비된 하나님의 군사요 친위 부대입니다. 우리 자신은 부족하지만 하나님은 우리를 극상품으로 여기시고 하나님의 군사로 뽑으셨습니다.

둘째, 성령으로 거룩함을 입었다는 것은 거룩한 목적을 위해 따로 떼어놓으셨다는 뜻입니다. 따로 구별하셔서 거룩한 하나님 나라의 대리인이 되게 하신 것입니다. 우리는 지금 이 시대를 거룩한 나그네로 살지만, 사실은 하나님 나라의 대리인이요 특명 대사임을 잊지 말아야 합니다.

셋째, 예수 그리스도의 피 뿌림을 얻었다는 것은 겸손한 존재여야 함을 의미합니다. 예수님이 이 땅에 오실 당시에는 죽은 동물의 피를 몸에 뿌리는 것이 부끄럽고 수치스러운 일이었습니다. 그럼에도 예수님은 십자가의 고통을 감내하시며 한없이 낮아지시고 겸손한 자세를 보여주셨습니다. 따라서 우리는 거룩한 나그네로서 겸손한 사람이 되어야 합니다. 그리고 날마다 겸손과 낮아짐으로 무장할 수 있도록 하나님께 기도해야 합니다.

우리는 베드로전서를 통해 세상이 우리에게 말하는 것보다 하나님이 우리에게 말씀하시는 것이 더 중요함을 깨달아야 합니다. 세상 사람들의 평가보다 하나님의 평가가 가장 중요하고 귀합니다. 또한 세상에서 우리가 처한 조건은 형편없지만 하나님과 함께하는 우리의 위치는 매우 소중합니다.

우리는 거룩한 나그네이자 주님의 피 뿌림을 얻고, 선택된 위치에 놓여 있습니다. 우리는 하나님의 친위 부대이며 대사입니다. 이런 위치에 있으면 자연스럽게 거기에 맞는 환경이 따라옵니다. 하나님이 우리에게 마음의 넉넉함, 판단력, 균형 감각, 시대적 안목, 필요한 사람과 물질 등을 주시는 것입니다. 우리가 만약 거룩한 나그네로 살지 않는다면, 그것은 하나님과의 관계가 완전히 끊어진 것을 말합니다.

우리는 이 땅에서 하나님 나라의 친위 부대로, 대리인으로, 겸손한 사람으로 살며 하나님 나라의 역사를 새롭게 써야 합니다. 우리 모두 이런 거룩한 나그네로서의 정체성을 가진 하나님의 백성들이 되기를 바랍니다.

지금 우리의 삶에 하나님을 향한 분명한 반응이 없다면 잘못된 것입니다. 자신의 잘못을 인정하고 하나님의 거룩한 나그네로서의 정체성과 하나님이 우리에게 허락하신 신분을 기억하십시오. 그러면 이 시대 가운데 하나님의 거룩한 나그네로 아름답게 쓰임받을 것입니다.

기도 ● PRAYER

하나님 아버지, 우리의 복합적인 정체성을 깨닫게 하시니 감사합니다. 이제 우리는 세상에서 부자가 되기를 구하기보다 그리스도를 아는 지식을 더 키우기를 원합니다. 이 땅에서의 편한 삶이 아니라 하나님의 능력을 더 체험하기를 원합니다. 우리에게 주님이 원하시는 능력과 하나님이 원하시는 삶의 길을 허락해주옵소서. 이 세상에서 거룩한 나그네로 넉넉히 살아갈 용기를 주시고, 주님이 주신 사명을 즐겁고 행복하게 감당하는 하나님의 종들로 삼아주옵소서. 예수 그리스도의 이름으로 기도드립니다. 아멘.

베드로전서 1:3-7

³우리 주 예수 그리스도의 아버지 하나님을 찬송하리로다 그의 많으신 긍휼대로 예수 그리스도를 죽은 자 가운데서 부활하게 하심으로 말미암아 우리를 거듭나게 하사 산 소망이 있게 하시며 ⁴썩지 않고 더럽지 않고 쇠하지 아니하는 유업을 잇게 하시나니 곧 너희를 위하여 하늘에 간직하신 것이라 ⁵너희는 말세에 나타내기로 예비하신 구원을 얻기 위하여 믿음으로 말미암아 하나님의 능력으로 보호하심을 받았느니라 ⁶그러므로 너희가 이제 여러 가지 시험으로 말미암아 잠깐 근심하게 되지 않을 수 없으나 오히려 크게 기뻐하는도다 ⁷너희 믿음의 확실함은 불로 연단하여도 없어질 금보다 더 귀하여 예수 그리스도께서 나타나실 때에 칭찬과 영광과 존귀를 얻게 할 것이니라

2장

절망의 바닥에서 붙잡은 산 소망

"시련과 고통 가운데서도 긍정적인 삶을 영위할 수 있는 이유는
우리 안에 산 소망이 있기 때문입니다."

불씨처럼 타오르는 산 소망

누구나 살다 보면 어려움과 절망 중에 처할 때가 있습니다. 절망은 마치 높은 곳에 올라갔다가 끝없이 바닥으로 추락하는 느낌입니다. 주위는 온통 어둠뿐이고, 머릿속은 아득해지고, 모든 것이 허망하다는 생각이 듭니다. 말로 다할 수 없는 고통이 주어질 때 시편 기자의 말처럼 나 자신이 물같이 쏟아지고, 마음이 밀랍처럼 녹아내리는 것 같습니다시 22:14.

예부터 철학자들은 절망에 대한 이야기를 많이 했습니다. 예수님을 모르는 비그리스도인들은 삶 자체에 소망이 없었던 것 같습니다. 고대 그리스의 비극 시인 소포클레스Sophocles는 가장 큰 행운은 아예 태어나지 않는 것이고, 두 번째 행운은 태어나자마자 왔던 곳으로 빨리 돌아가는 것이라고 했습니다. 너무나 비관적인 이야기가 아닐 수 없습니다. 사도 바

울은 에베소 교회를 향해 이런 이야기를 했습니다.

"그때에 너희는 그리스도 밖에 있었고 이스라엘 나라 밖의 사람이라 약속의 언약들에 대하여는 외인이요 세상에서 소망이 없고 하나님도 없는 자이더니"_엡 2:12.

그리스도 밖에 있는 사람은 하나님의 말씀이 없을 뿐만 아니라 세상에서 소망이 없다는 말입니다. 그런데 이러한 세상에 산 소망을 주시기 위해 예수님이 오셨습니다. 베드로전서 1장 3절 하반절을 보면 그 말씀이 강력히 선포되고 있습니다.

"그의 많으신 긍휼대로 예수 그리스도를 죽은 자 가운데서 부활하게 하심으로 말미암아 우리를 거듭나게 하사 산 소망이 있게 하시며"_벧전 1:3.

산 소망이 있느냐, 없느냐는 예수님을 제대로 믿느냐, 믿지 않느냐를 결정하는 기준이 됩니다. 진정한 그리스도인의 마음속에는 산 소망이 꺼지지 않는 불씨처럼 타오릅니다. 아무리 힘들고 어려워도 주님이 알아주시기에 산 소망을 품을 수 있는 용기가 생기는 것입니다.

산 소망을 가져야 하는 이유

우리가 산 소망을 가져야 하는 이유는 세 가지입니다.

첫째, 부활의 능력에 접붙임을 받아 새 생명을 얻은 자들이기 때문입니다. 베드로는 예수님의 십자가 사건으로 절망에 빠졌습니다. 그에게 부활 사건으로 인한 새로운 생명의 능력이 접붙여지지 않았다면, 그는 그저 예수님의 배신자로 낙인찍힌 채 죽고 말았을 것입니다. 베드로는 3년 동안 주님을 열심히 따라다녔지만, 마지막에 예수님을 세 번이나 부인했습니다. 그 순간 그에게는 처절한 후회와 회한의 고통이 밀려왔을 것입니다. 그런데 예수님의 부활 능력으로 새 생명을 접붙임 받고 난 다음에는 산 소망이 생겼습니다.

다시 살아나신 주님의 은혜가 우리에게 생명의 능력으로 역사할 때 자연스럽게 산 소망이 나타나는 것입니다.

둘째, 우리는 하나님의 상속자들이기 때문입니다. 우리에게는 썩지 않고 더럽지 않고 쇠하지 않는 유업이 있습니다.

"썩지 않고 더럽지 않고 쇠하지 아니하는 유업을 잇게 하시나니"_벧전 1:4.

"유업"이라는 말은 우리 인생의 궁극적인 단어이자 종말론적인 표현입니다. 종말론적으로 하나님이 우리에게 주신 유산이 있다는 뜻입니다. 이것저것 부족하다고 불평만 하는 빈민 의식을 버리고, 썩지 않고 쇠하지 않고 더럽지 않은 유업을 기억하십시오. 지금 나에게 주신 하나님의 유업이 무엇인지 제대로 살펴보면 우리 가운데 산 소망이 임할 것입니다.

셋째, 시련과 고통 가운데서도 함께하시는 예수님 때문입니다. 베드로

서신을 받은 초대 교회 성도들의 상황은 매우 좋지 않았습니다. 당시는 폭군 네로가 극악한 통치를 하던 때였고, 로마를 불태우고 그 죄를 예수 믿는 사람들에게 뒤집어씌워 지독한 고통을 안겨주고 있었습니다. 그리스도인들이 당한 고난은 로마제국 전체로 퍼져나갔습니다.

"그러므로 너희가 이제 여러 가지 시험으로 말미암아"_벧전 1:6.

여기서 "시험"이라는 말은 헬라어 '페이라스모스'peirasmos 로, 하나님이 테스트하신다는 의미를 갖고 있습니다. 그 외에도 우리가 당하는 온갖 고통, 시련, 환난, 유혹 등이 다 포함된 말입니다. 하나님은 이런 고통을 겪으면서 우리가 한 단계 올라가기를 원하십니다. 시련을 통해 우리의 신앙이 성숙해지고 주님을 닮아가기를 원하시는 것입니다. 그렇다면 이런 고통과 시련 앞에서 우리는 어떻게 반응해야 할까요?

고통과 시련 앞에서 나타나는 반응은 두 가지입니다. 하나님께 기도하며 헌신하거나, 하나님께 등을 돌리고 쓴 마음을 품는 것입니다. 나 자신을 더 묵상하고 성찰하거나, 늘 불평과 불만으로 가득한 채 사는 것입니다. 하나님을 신뢰하거나, 하나님을 거역하고 방황하는 것입니다. 이 두 가지 반응은 완전히 상반되는 것입니다.

제가 잘 아는 목사님 가운데 선교에 삶 전부를 바치신 분이 있습니다. 미국에서 큰 교회를 개척하시고, 전 세계에 1천 개 이상의 교회를 세우신 분입니다. 70대 중반의 나이에도 여전히 선교지를 다니며 복음을 전하는 데 힘쓰십니다. 그런 분이 어느 날 신장이식 수술을 받으셨습니다. 초췌해진 얼굴을 보니 그분의 건강 상태가 좋지 않다는 것이 확연히 느껴졌습니다. 그런데도 목사님은 얼굴에 웃음을 띠며 농담을 하셨습니다. "오 목사, 하나님이 나한테 기적적으로 신장이식을 받을 수 있게 해주셨어. 그것도 대만 사람한테서 말이야." "정말 다행입니다. 몸은 괜찮으신 거죠?" "물론이지. 이제 중국 말을 술술 할 것 같아. 하하하."

저는 그 목사님에게서 큰 시련에도 꿈쩍하지 않는 단단한 신앙을 보았습니다. 힘든 가운데서도 여유와 담담함을 잃지 않는 것은 분명 주님이 주신 산 소망이 있기 때문이라는 생각을 했습니다.

> "여러 가지 시험으로 말미암아 잠깐 근심하게 되지 않을 수 없으나 오히려 크게 기뻐하는도다" _벧전 1:6.

우리는 시험으로 인해 오히려 기뻐할 줄 알아야 합니다. 기쁨은 행복보다 더 깊은 감정입니다. 행복은 환경적인 것이며, 순간적인 감정에 따라 생기는 것입니다. 그러나 기쁨은 심오한 것으로, 그 근원이 예수님께 있습니다. 기쁨은 예수 그리스도 한 분만으로 만족할 때 오는 것입니다. 이것은 그리스도인의 생활에서 가장 위대한 비밀입니다. 우리 삶에 시련과 고통이 있지만 그 중심에 기쁨이 존재하기에 언젠가는 산 소망을 회복하게 되는 것입니다.

고통과 시련의 특성

그렇다면 우리에게 산 소망을 가질 수 있도록 하는 고통과 시련은 어떤 것일까요?

첫째, 고통과 시련은 잠깐 근심하는 것입니다. 우리는 아주 힘든 일을 만나면 그것이 끝나지 않고 영원히 지속될 것 같은 두려움에 휩싸입니다. 그 고통이 전부인 양 괴로워합니다.

"너희가 이제 여러 가지 시험으로 말미암아 잠깐 근심하게 되지 않을 수 없으나"_벧전 1:6.

왜 베드로는 여러 가지 시험이 잠깐 근심하는 것이라고 했을까요? 그것은 영원에 비하면 잠깐일 뿐이라는 말입니다. 우리가 겪는 시험과 고통은 영원에 비하면 순간입니다. 세상이 다 끝난 것처럼 여기며 그 고통만 바라보는 것은 어리석은 행동입니다.

물론 나에게 닥친 어려움과 고난을 없는 것처럼 대할 수는 없을 것입니다. 하지만 그것을 바라보는 관점과 태도는 바꿀 수 있습니다. 우리는 영원이라는 시간에 눈을 떠야 합니다. 이 세상의 삶은 한시적인 것입니다. 사랑하는 가족이 하늘나라로 갔을 때 우리는 슬퍼서 울지만, 영원의 시간을 생각하면 그들은 우리보다 먼저 영원한 것을 얻은 존재가 됩니다.

둘째, 고통과 시련은 모든 이들이 다 겪는 것입니다. 길든 짧든 누구나 고통의 순간들이 있습니다. 그 순간들을 통해 우리는 주님 앞에서 더 성숙해집니다. 마르틴 루터 Martin Luther 는 "고통과 환난은 내 서재에서 가장 최고의 책"이라고 말했습니다. 그리스도인치고 고통에서 면제된 사람은 아무도 없습니다. 조지 휘트필드George Whitefield 는 "하나님은 우리 침대 속에 깔끔거리는 껍질을 넣어주셔서 우리가 깨어 있게 하신다"고 말했습니다.

셋째, 고통과 시련은 우리를 정결하게 만듭니다. 고통과 고난의 시험 때문에 우리의 믿음은 금보다 더 귀해집니다.

"너희 믿음의 확실함은 불로 연단하여도 없어질 금보다 더 귀하여 예수 그리스도께서 나타나실 때에 칭찬과 영광과 존귀를 얻게 할 것이니라"_벧전 1:7.

"확실함"이라는 말은 확실하게 점검되었다는 의미입니다. 주님을 위해 인생 순례를 하는 가운데 얼마나 안전하게 준비되어 있는가를 점검한다는 것입니다. 우리가 가진 믿음의 순도가 정금과 같다면 얼마나 좋을까요? 1온스의 순금을 제련하기 위해서는 4톤의 금광석이 필요하다고 합니다. 1온스는 28그램으로, 대략 7돈 정도 됩니다. 4톤의 금광석 안에 들어 있는 불순물을 전부 빼고 정제하여 28그램의 순금이 나오는 것입니다.

우리의 믿음도, 뜨거운 용광로 안에서 쓴 뿌리와 미움과 욕망과 이기심을 다 버리고 정제되어 순금같이 변화될 수 있습니다. 이것은 하루아침에 이루어지는 것이 아닙니다. 일평생 단련되고 또 단련되어 어느 순간 예수님의 모습이 비치게 되는 것입니다. 순도 높은 훈련을 통해 우리의 삶 가운데 주님의 성품과 형상이 나타나게 됩니다.

예수님을 오랫동안 믿어도 이러한 정제 과정이 없으면 그 얼굴에서 빛이 나지 않습니다. 주님의 모습이 비치지 않는 것입니다. 고도로 정제되었다는 것은 불순물이 다 여과된 것입니다. 1,300도의 높은 온도에서 탄생되는 도자기도 제대로 구워지지 않으면 나무망치로 두드렸을 때 이상한 소리가 납니다. 맑은 소리가 나면 합격이지만, 둔탁한 소리가 나면 세상에 나오자마자 깨뜨려집니다.

세상 사람들은 우리가 얼마나 정제된 신앙인인지를 판단합니다. 우리에게서 맑은 소리가 나면 예수 믿는 사람은 뭐가 달라도 다르다고 생각합니다. 부_富를 잃거나 건강을 잃었을 때 실족하지 않고 인내하는 믿음을 보여주면 순금 같은 신앙의 삶이 표현되는 것입니다. 그것은 큰 울림으로 세상에 퍼질 것입니다. 울림이 있는 신앙의 정제가 있을 때, 하나님은 우리 마음 깊은 곳에 기쁨을 주시고 산 소망을 허락해주실 것입니다.

고난을 통과하고 받는 상

이러한 신앙의 정제가 이루어질 때 무엇을 얻게 됩니까? 바로 칭찬과 영광과 존귀입니다. 사실 칭찬과 영광과 존귀는 예수님께 속해 있는 영적 단어입니다. 그런데 놀랍게도 불 시험 가운데서 우리가 연단받고 정제되고 소망을 잃지 않으면 예수님께 속한 영광과 존귀와 칭찬이 우리의 것이 됩니다. 주님의 언어가 우리의 언어로 바뀌는 놀라운 경험을 하게 되는 것입니다.

힘겹고 고통스러운 순간들을 의연히 견뎌내고 주님 앞에 섰을 때 칭찬을 받으며 영광의 면류관을 쓰는 모습을 상상해보십시오. 얼마나 가슴 벅차고 기쁜 일입니까! 이 땅에 살면서 고난을 만나도 믿음을 잃지 않고 하나님만 바라볼 때, 주님의 칭찬과 존귀와 영광이 있을 것입니다. 우리에게 산 소망 되는 하늘나라의 성대한 잔치를 꿈꾸십시오. 하나님은 고통을 낭비하지 않으십니다. 시련 때문에 생긴 한 방울의 눈물도 그냥 지나치지 않으십니다.

C. S. 루이스C. S. Lewis는 이런 말을 했습니다. "하나님은 우리가 즐거워하고 편안한 환경일 때는 속삭이신다. 그러나 우리가 고통당할 때는 크게 외쳐주신다. 고통은 하나님의 확성기이다. 우리에게 주시는 확성기이다. 잠자는 세상을 깨우는 확성기이고, 잠자는 성도들을 깨우는 확성기이다."

즐겁고 행복할 때는 하나님을 잊기 쉽습니다. 하나님의 음성에 귀 기울이지 않는 것입니다. 그러다가 고통을 맞닥뜨리면 하나님을 찾고 그분의 음성을 하나라도 더 들으려고 애씁니다. 만약 우리가 늘 편안하고 즐겁다면 일상 중에서 놓치는 하나님의 세미한 음성은 없는지 생각해야 할 것입니다.

필립 얀시Philip Yancey는 인간이 느끼는 고통 체계는 인간의 몸에서 가장 뛰어난 기능이라고 했습니다. 만약 고통을 느끼는 감각이 없다면 스스로를 파괴시키려는 사람들만 남게 된다는 것입니다. 고통을 느끼지 못한다는 것은 어찌 보면 우리 몸이 문드러져도 그것을 깨닫지 못한다는 것입니다. 우리가 정상적으로 생활하며 건강한 몸을 유지하기 위해서는 고통에 대한 감각이 살아 있어야 합니다. 지금 이 순간 고통이 느껴진다면 하나님이 더 뛰어난 기능으로 창조하셨다는 사실을 믿고 주님 앞에서 산 소망을 잃지 말기를 바랍니다.

하나님은 불과 같은 시험을 잘 통과한 신실한 백성들을 찾고 계십니다. 부자도 아니고, 똑똑한 사람도 아닙니다. 오로지 고통과 시련의 과정을 잘 넘긴 하나님의 자녀들을 찾으십니다. 그래서 하나님의 백성들에게는 고통과 시련이 결코 헛된 것이 아닙니다.

죽음마저 이겨낸 산 소망의 능력

고통과 시련, 그리고 소망과 기쁨은 항상 같이 옵니다. 그리스도인들은 시련과 기쁨이 같이 온다는 사실을 믿어야 합니다. 주님을 닮아가며 성장하는 것은 참으로 귀한 일이지만 거기에는 고통이 따릅니다. 그러나 큰 고난 속에 있는 이들에게는 다른 사람이 알지 못하는 깊은 은혜의 생수가 있습니다.

우리가 불같은 용광로의 시험을 통과하는 순간에 주님이 함께하십니다. 풀무불 속에 던져진 다니엘의 세 친구에게 예수님이 함께해주신 것처럼 말입니다. 시련과 고통, 소망과 기쁨 사이에 주님이 함께하셔서 그 과정을 이겨내도록 인도하실 것입니다. 불길 같은 고통 속에서 산 소망보다 더 큰 기쁨은 없습니다. 하나님이 주시는 기쁨을 두려워하는, 어리석은 사람이 되지 말아야 합니다. 고통의 순간, 하나님이 함께하시겠다는 것이 우리에게는 진정한 소망이 됩니다.

이어령 박사님의 딸인 이민아 자매님의 장례식을 인도했습니다. 저는 이민아 자매님과 함께 10년 넘게 훈련하고 신앙생활을 하면서 그의 고통과 믿음을 지켜보았습니다. 세상에서는 검사, 변호사로 승승장구하는 삶을 살았지만, 첫째 아들을 돌연사로 먼저 보내고, 망막 손상으로 시력을 잃고, 신경통, 악성빈혈, 암으로 극심한 환난을 겪었습니다. 그야말로 고통의 집합체 같은 인생이었습니다. 그런데도 그는 주님만을 붙들고 믿음으로 이겨나갔습니다. 엄청난 고통 가운데서도 그에게 생명 줄이 되었던 말씀은 고린도후서 1장 4절이었습니다.

> "우리의 모든 환난 중에서 우리를 위로하사 우리로 하여금 하나님께 받는 위로로써 모든 환난 중에 있는 자들을 능히 위로하게 하시는 이시로다"
> _고후 1:4.

이민아 자매님은 마지막 1~2년을 불꽃같이 살다가 갔습니다. 인간적으로 너무나 큰 시련과 고통을 겪었지만 그 가운데서 산 소망으로 어려움을 이겨냈습니다. 그는 가족의 구원을 위해 눈물로 기도했습니다. 그리고 자신의 고통을 의연히 받아들였습니다.

우리는 죽음을 두려워하지 않는 강한 믿음을 가져야 합니다. 그래야 죽음에 전복당하지 않는 인생을 살 수 있습니다. 죽음도 두려워하지 않을 수 있는 것은 바로 주님 나라를 위한 산 소망 때문입니다.

저는 목회자로서 하나님의 말씀을 전해야 하는 사명이 있습니다. 그래서 더 의연하고 본을 보여야 하지만 나약한 인간이기에 지치고 고통 가운데 신음합니다. 그럴 때마다 저에게 힘이 되는 것은 변치 않는 주님의 산 소망입니다. 부활의 능력을 통해 새로운 생명에 접붙여주시고, 썩지 않고 더럽지 않고 쇠하지 않는 유업을 주시고, 고통 가운데 정제하여주셔서 주님을 닮아가게 만드시니 기쁨과 소망이 넘칩니다. 그러하기에 저를 포함한 우리 모두는 앞으로 계속 전진할 수 있습니다.

시련과 고통 가운데서도 긍정적인 삶을 영위할 수 있는 이유는 우리 안에 산 소망이 있기 때문입니다. 어떤 경우에라도 주님이 예비하신 산 소망을 우리 가슴속에 품고 주님을 찬양하는 하나님의 신실한 백성이 되기를 소원합니다.

하나님 아버지, 우리가 잠깐 당하는 고난을 통해 예수 그리스도의 인격을 거울처럼 비추게 해주옵소서. 고통을 잘 감당하여 산 소망이 가득 찬 성도가 됨으로 말미암아 칭찬받고 영광받고 존귀의 면류관을 쓸 수 있게 되기를 원합니다. 우리 삶을 잘 점검하여 성숙한 하나님의 자녀로 성장할 수 있게 해주옵소서. 예수 그리스도의 이름으로 기도드립니다. 아멘.

"진정한 그리스도인의 마음속에는
산 소망이 꺼지지 않는 불씨처럼 타오릅니다."

8예수를 너희가 보지 못하였으나 사랑하는도다 이제도 보지 못하나 믿고 말할 수 없는 영광스러운 즐거움으로 기뻐하니 9믿음의 결국 곧 영혼의 구원을 받음이라 10이 구원에 대하여는 너희에게 임할 은혜를 예언하던 선지자들이 연구하고 부지런히 살펴서 11자기 속에 계신 그리스도의 영이 그 받으실 고난과 후에 받으실 영광을 미리 증언하여 누구를 또는 어떠한 때를 지시하시는지 상고하니라 12이 섬긴 바가 자기를 위한 것이 아니요 너희를 위한 것임이 계시로 알게 되었으니 이것은 하늘로부터 보내신 성령을 힘입어 복음을 전하는 자들로 이제 너희에게 알린 것이요 천사들도 살펴보기를 원하는 것이니라

1 PETER

3장

고난을 이기는
새로운 본성, 기쁨

"예수님을 믿는 사람은 말할 수 없는 즐거움과 영광으로 큰 기쁨에 잠깁니다.
이 기쁨은 최상의 기쁨입니다."

영적으로 다시 태어나는 신비

산 소망은 거듭남을 통해 주어지는 것이고, 그것으로 인해 썩지 않고 더럽지 않고 쇠하지 않는 유업을 얻게 됩니다. 또한 거기서 생겨나는 믿음으로 삶의 현장에서 하나님의 능력을 통해 복을 받습니다. 이렇게 중요한 거듭남을 가장 많이 강조하신 분은 바로 예수님입니다. 예수님은 요한복음 3장에서 다음과 같이 말씀하셨습니다.

"육으로 난 것은 육이요 영으로 난 것은 영이니 내가 네게 거듭나야 하겠다 하는 말을 놀랍게 여기지 말라 바람이 임의로 불매 네가 그 소리는 들어도 어디서 와서 어디로 가는지 알지 못하나니 성령으로 난 사람도 다 그러하니라" _요 3:6-8.

당시 종교 지도자이자 바리새인이던 니고데모가 예수님을 찾아왔습니다. 그리고 하늘의 영생과 구원에 대해 물었습니다. 부족한 것이 없을 듯한 그에게도 인생의 허무함이 있었던 모양입니다.

그의 질문에 예수님은 거듭나지 않으면 하나님의 나라를 볼 수 없다고 하셨습니다. 예수님은 니고데모의 계속되는 질문을 받자, 사람은 육적으로 태어나지만 영적으로 다시 태어나야 한다고 말씀하셨습니다. '영적 탄생'이란 죽은 영에게 하나님의 영원한 생명이 새롭게 부어지는 것을 의미합니다. 아담으로부터 내려온 죄성, 어머니 배 속에서부터 갖고 있던 모든 죄들에서 놓임을 받아 새로운 피조물이 되는 것입니다.

우리는 이미 성령님에 의해 영적 자아가 새롭게 바뀌었고, 새로운 탄생을 경험한 사람들입니다. 육적으로 태어나면 영원히 죽고, 영적으로 다시 태어나면 영원히 살게 됩니다. 예레미야서 13장을 보면 이런 말씀이 나옵니다.

"구스인이 그의 피부를, 표범이 그의 반점을 변하게 할 수 있느냐 할 수 있을진대 악에 익숙한 너희도 선을 행할 수 있으리라"_렘 13:23.

여기서 "구스인"이란 아프리카 사람을 말합니다. 아프리카 사람이 자신의 피부를, 표범이 자신의 반점을 변하게 할 수 있다면 선을 행할 수 있다고 했습니다. 이 말씀의 의미는 죄인들 스스로 본성을 바꿀 수 없다는 것입니다. 육적으로 태어난 사람은 그 본성이 변하지 않습니다. 그러므로 사람은 영적으로 다시 태어나야 합니다. 육적으로 태어나서는 죄의 문제를 해결할 수가 없습니다. 오직 하나님만이 죄에 물든 인간의 마음을 성령의 역사를 통해 새로운 본성으로 변화시켜주십니다.

그리하여 거듭남은 우리의 죽은 영을 다시 살려 영적 부활 사건으로 나아가게 합니다. 죄와 허물로 죽었던 우리가 영적 부활을 경험하여 거듭나면, 종말의 날에 주님처럼 부활의 몸을 입는 축복을 얻게 됩니다. 다시 말해 그리스도의 부활이 우리의 거듭남을 가능하게 하는 영적 근거와 토대가 되며, 종말론적으로 보면 우리 몸의 부활이 새롭게 보장된다는 뜻입니다. 거듭남은 우리의 죽은 영이 다시 살아나는 영적 부활 사건이고, 영적 부활을 경험한 거듭난 인생은 종말의 날에 반드시 육적 부활을 경험한다는 말입니다.

이러한 거듭남을 경험하는 우리는 새로운 생명, 새로운 소망, 새로운 확신, 새로운 기쁨, 새로운 운명을 가진 존재로 탈바꿈하게 됩니다. 단순히 종교적인 것이 아니라 생명이 바뀌는 놀라운 사건입니다. 우리의 신분과 운명과 인생 목표가 영원히 바뀌는 것입니다. 그러하기에 우리는 아무리 힘들어도 언제든 다시 시작할 수 있습니다.

거듭남의 신비는 바로 여기에 있습니다. 육신적으로는 어렵고 힘들더라도 거듭남의 은혜가 우리 영에 임할 때 새롭게 시작할 힘을 얻게 됩니다. 영적 탄생을 경험하면 인격적으로도 변화되는데, 그 반응은 각기 다릅니다. 예를 들어 성 어거스틴 St. Augustine 은 예수님을 믿고 거듭나는 순간, 자신의 방탕한 과거를 회개하며 끝없이 눈물을 흘리는 감정적인 폭발을 경험했습니다. 반대로 C. S. 루이스는 어느 날 버스를 타고 동물원에 가면서 예수님이 하나님의 아들이심을 조용히 믿게 되었다고 고백합니다.

이러한 거듭남을 종합적으로 살펴보면 거듭남의 주체는 늘 하나님이심을 알 수 있습니다.

"이는 혈통으로나 육정으로나 사람의 뜻으로 나지 아니하고 오직 하나님께로부터 난 자들이니라"_요 1:13.

우리의 육적 출생이 우리 힘으로 이루어진 것이 아니듯 영적 출생도 하나님의 주권적 역사하심입니다. 베드로는 이런 거듭남의 핵심을 꿰뚫고, 하나님이 거듭나게 하셨다고 이야기한 것입니다.

거듭난 영혼으로 산다는 것

우리가 이 세상에 태어나면 출생증명서라는 것을 발급받습니다. 그러나 그것은 하나의 증거일 뿐 실질적으로는 우리가 숨을 쉰다는 사실이 더 중요합니다. 영적인 탄생도 마찬가지입니다. 교회를 다니며 세례를 받고 세례증서를 손에 쥔다고 해도 그것은 외적 증거일 뿐 진실된 내적 증거는 되지 못합니다. 우리의 영혼 안에 하나님의 성령께서 살아 움직이셔야 합니다. 우리 안에서 새로운 생명의 역사가 용솟음치고 하나님이 생명의 영을 부어주신 것이 확인되고 점검되어야 하는 것입니다.

우리가 거듭난 영혼으로 산다는 것을 증명하는 몇 가지 사실이 있습니다.

첫째, 거듭난 영적 생명이 부어진 사람에게는 빚진 자의 심정이 있습니다. '나 같은 죄인이 주님 앞에 용서받았으니 나는 주님 앞에 빚진 자'라는 사실에 동의하는 것입니다. 사도 바울은 다메섹에서 거꾸러지고 아라비아에서 주님과 교제한 다음, 자신이 용서받은 탕자라고 고백했습니다. 용서받은 자는 그 은혜가 아주 크기 때문에 주님께 무엇으로 보답할지에 대해 항상 생각합니다.

둘째, 영적인 갈급함과 굶주림이 커집니다. 기도와 말씀과 찬양과 하나님이 주시는 하늘의 신령한 것들에 대해 갈급해합니다.

셋째, 하나님 나라의 사명과 비전, 즉 모든 족속으로 제자를 삼으라는 지상명령에 대해 책임감을 가집니다. 다른 영혼을 향한 불붙는 심정이 생깁니다.

넷째, 예수님의 이름이 훼손당하거나 교회가 상처받는 것을 보면 심령의 깊은 고통을 느낍니다.

고난을 이기는 천상의 기쁨

우리는 모두 이 세상에 태어나서 살다가 죽습니다. 누구든지 죽음을 피할 수 없습니다. 그런데 예수님은 십자가에서 죽으셨다가 다시 살아나셨습니다. 부활하셔서 잠자는 자들의 첫 열매가 되신 것입니다. 예수님이 정말로 부활하신 사실을 제대로 믿는다면 우리는 어떻게 해야 할까요?

"예수를 너희가 보지 못하였으나 사랑하는도다 이제도 보지 못하나 믿고 말

할 수 없는 영광스러운 즐거움으로 기뻐하니 믿음의 결국 곧 영혼의 구원을
받음이라"_벧전 1:8-9.

1세기에 아시아 지역에 흩어져서 예수님을 믿던 믿음의 사람들은 로
마제국의 핍박을 받았습니다. 그들은 갑바도기아에서 지하 동굴을 파고
살았습니다. 먹을 것이 부족하고 어려운 형편이었지만 서로 나누면서 믿
음으로 이겨냈습니다. 예수님을 직접 보지는 못했지만 그분의 사랑을 알
고 영혼의 구원을 받았습니다.

이 말씀 가운데서 우리는 예수님을 믿는 사람과 믿지 않는 사람의 차
이를 생각해보게 됩니다. 예수님을 믿는 사람은 말할 수 없는 즐거움과
영광으로 큰 기쁨에 잠깁니다. 이 기쁨은 최상의 기쁨입니다. 애쓰고 수
고하여 올림픽에서 금메달을 딴 선수가 갖는 기쁨, 대학을 졸업하고 원
하는 직장에 들어갔을 때의 기쁨, 오랜 기다림 끝에 자녀를 낳은 기쁨 등
은 매우 크지만 그런 기쁨들과는 비교도 안 됩니다.

사도 베드로는 이런 최상의 기쁨을 알았습니다. 사도행전 5장을 보면
베드로와 제자들이 복음을 전하며 은혜를 나눈다고 하여, 로마의 통치자
들이 그들을 잡아 고문하고 능욕을 일삼으며 괴롭힌 내용이 나옵니다.

"사도들은 그 이름을 위하여 능욕받는 일에 합당한 자로 여기심을 기뻐하면
서 공회 앞을 떠나니라"_행 5:41.

고통의 현장에서도 베드로와 제자들은 주님 안에서 기쁨을 누렸습니
다. 주님을 위해 자신을 희생하고 헌신할 수 있다는 사실에 기뻐하고 감

사한 것입니다.

조나단 에드워즈Jonathan Edwards는 중생重生한 모든 사람에게는 공통적인 본능이 생기는데, 하나님을 사랑하는 것과 예수님 안에서 기뻐하는 것이라고 했습니다. 주님을 사랑하는 새로운 본능이 확인되고 주님이 위로부터 부으시는 순수의 영이 임하면 기쁨이 넘치게 됩니다. 주님은 이러한 기쁨을 주셨고, 우리는 이 땅에서 천국의 예고편을 맛보게 됩니다.

> "오히려 너희가 그리스도의 고난에 참여하는 것으로 즐거워하라 이는 그의 영광을 나타내실 때에 너희로 즐거워하고 기뻐하게 하려 함이라"_벧전 4:13.

조지 뮬러George Müller는 이런 말을 했습니다. "나는 신앙생활을 하면서 하나님을 기뻐하는 것이 삶의 진정한 능력임을 깨달았는데, 이것은 지난 수십 년 동안 내가 주님 앞에 서는 이 시간까지 지금도 변함없는 유효한 진리이다." 신앙생활을 하면서 여러 고난의 골짜기를 지날 때 하나님을 기뻐함으로 나아갈 힘을 얻었는데, 주님 앞에 서는 현재의 삶에서도 하나님을 기뻐하는 것이 여전히 자신의 인생에서 원동력이 된다는 것입니다.

그렇다면 이 기쁨은 어디에서 오는 것일까요?

첫째, 예수님을 신뢰하고 믿을 때 기쁨이 옵니다. 그러므로 우리가 예수님을 믿는다는 말은 '내가 주님과 함께 기뻐하는 삶을 산다'는 뜻이 됩니다. 주님을 믿으면 기뻐하는 것이며, 기뻐하면 믿는 것입니다.

둘째, 하늘로부터 영광스러운 기쁨이 내려옵니다. 믿는 자에게 주시는 기쁨일 뿐만 아니라 말로 표현할 수 없을 정도로 영광스러운 것입니다. 차원이 매우 높아서 말로는 따라가지 못하는 최상의 기쁨입니다. 이 기쁨은 예수님을 믿음으로 인해 하늘로부터 받는 천상의 기쁨입니다. 예수님을 모르는 사람은 상상도 할 수 없는 것입니다.

복음성가 작곡가인 J. W. 피터슨J. W. Peterson의 찬양 가운데 "오 아름다운 날 즐거운 날 내 어이 잊으리요… 하늘 영광 내 맘에 임했네"라는 가사가 있습니다. 여기서 "하늘 영광"이 바로 천상의 기쁨입니다.

토마스 아 켐피스Thomas à Kempis 는 《그리스도를 본받아》에서 천상의 기쁨에 대해 하늘에서 주님의 은혜를 쏟아주시는 것, 하늘의 이슬로 내 마음을 적셔주시는 것이라고 표현했습니다. 하늘의 기쁨이 우리 속에 임하면 마른 땅 같은 마음이 살아나며, 그 속에 경건한 시냇물이 흐르고, 선한 열매가 맺힙니다. 또한 부정한 것들이 떠나가면서 죄의 무게에 짓눌린 마음이 감동되고, 하나님의 자녀들이 영광의 자유를 얻습니다. 그리하여 보지 못하던 것들이 보이게 되고, 새로운 소리가 들리게 되고, 새로운 맛을 느끼게 되고, 새로운 힘을 경험하게 되면서 상상하지 못할 만큼으로 주님의 모습을 확인하게 된다고 했습니다.

하늘의 기쁨은 단순히 감정적인 기쁨이 아닙니다. 우리 영혼 깊은 곳에서 터져 나오는 기쁨입니다. 성령께서 주시는, 영혼이 치유되는 기쁨이기에 상한 심령이 회복됩니다. 하늘의 기쁨이 임하면 그 영이 기뻐하며, 입술에서 저절로 찬양이 나옵니다. 하늘의 기쁨이 임하면 내면의 어려움이 기쁨의 강수에 잠기고, 세상이 알지 못하는 평안이 깃듭니다.

중세의 종교개혁자였던 토마스 빌니Thomas Bilney 는 하늘의 기쁨이 임했을 때의 상태를 이렇게 표현했습니다. "내 상한 뼈가 기뻐 뛰고 춤을 췄다. 하늘의 기쁨이 임하면 뼈가 그럴진대, 마음도, 내 살갗도, 내 심령도 기뻐 뛰고 춤을 춘다." 이것이 예수 믿는 사람이 갖는 기쁨이요 천상의 기쁨입니다. 이는 특별한 사람에게만 허락된 것이 아니라 주님을 믿는 사람이라면 누구나 누릴 수 있는 기쁨입니다.

이 세상을 살면서 힘 있는 사람이 나를 지켜주면 든든함을 느끼는데, 하물며 하늘과 땅의 권세를 가진 주님이 우리를 받쳐주시니 이 얼마나 든든하고 기쁜 일입니까? 우리는 겉으로는 힘들 수 있으나 영혼으로는 기쁨이 있습니다. 이 기쁨은 사막의 오아시스처럼 결코 마르지 않는 샘입니다. 우리의 사막 같은 인생길에서 이 샘을 터뜨릴 때마다 기쁨의 강수가 터져 나옵니다. 이것이 이 땅의 거룩한 나그네로서 지니는 삶의 특징입니다. 주님을 사랑하면 기쁨이 따라옵니다.

기쁨으로 넘는 인생의 중반전

"예수를 너희가 보지 못하였으나 사랑하는도다 이제도 보지 못하나 믿고 말할 수 없는 영광스러운 즐거움으로 기뻐하니"_벧전 1:8.

우리는 주님을 육신적으로 볼 수 없지만 주님이 내 영에 기쁨을 부어주심으로 주님을 사랑하는 것이 계속될 때 은혜의 선순환에 있게 됩니다. 사랑하니까 기쁨이 오고, 기쁨이 오니까 사랑하게 되는 깊은 차원에 이르게 해주신 주님의 은혜에 감사해야 합니다.

예수님의 제자인 베드로는 주님과 함께 동행하며 여러 기적을 체험했습니다. 또한 부활하신 예수님을 만나기도 했습니다. 그런 그가 우리에게 말합니다. 예수님을 보지 못했어도 그분을 사랑하면 말할 수 없는 기쁨이 충만하다고 말입니다. 예수님이 살아 계실 당시에도, 그분의 초월적인 능력과 기적을 보고도 믿지 못하는 자들이 있었습니다. 그때 예수님이 "보지 못하고 믿는 자들은 복되도다"요 20:29라고 말씀하셨습니다.

이렇듯 우리는 예수님을 보지 못했지만 그분의 은혜를 입어 믿음의 사람으로 거듭나 말할 수 없는 즐거움을 누리며 살아갑니다. 예수님을 향한 우리의 사랑은, 2천 년 전 이 땅에 사신 과거의 예수님을 기억하는 것이 아니라 지금 이 순간 그분을 알고 사랑하는 현재진행형입니다. 말씀과 기도로 또 성령의 임재하심으로 주님과 동행하며 살아가는 것입니다.

패니 크로스비Fanny J. Crosby 여사는 태어난 지 얼마 안 되어 두 눈이 멀었습니다. 그런데도 95세로 생을 마감하기까지 수천 곡의 찬송시를 썼습니다. 살아생전 그에게 어떤 사람이 물었습니다. "당신은 어릴 때부터 눈이 먼 것 때문에 괴롭거나 속상하지 않았습니까?" 그러자 그는 대답했습니다. "저는 눈이 먼 것을 원망하지 않고 오히려 감사하고 있습니다. 제가 눈이 멀어 사랑하는 예수님을 더 잘 볼 수 있기 때문입니다."

두 눈이 먼 그는 세상 것들에 오염되지 않았기에 오히려 더 순수하게 주님을 사랑하고, 그분의 인도하심에 민감하고, 주님의 영을 가까이에서 느낄 수 있었던 것입니다. 메마른 땅을 종일 걸어가도 주님이 주시는 기쁨을 누릴 수 있었습니다.

이는 우리가 메마른 인생 가운데 기쁨의 샘물을 끊임없이 터뜨릴 수 있는 원인이 됩니다. 주님을 따르는 제자의 삶에는 고난과 아픔이 있지만, 세상 사람들이 알지 못하는 주님 사랑이 있기에 기쁨이 넘칩니다.

성 어거스틴은 이런 진리를 깨달은 후에 말했습니다. "진정으로 예수님을 사랑할 때 도대체 안 가진 것이 무엇이냐? 아니, 예수님을 사랑하지 않을 때 도대체 우리가 가진 것이 무엇이냐?" 우리가 모든 것을 다 가진 엄청난 부자라 할지라도 주님을 사랑하는 마음에서 나오는 진정한 생수가 없다면 아무 소용이 없다는 말입니다. 주님을 사랑하는 것만큼 우리가 누리는 기쁨의 수준도 결정됩니다. 그러나 이 세상을 향한 사랑에 깊이 중독되어 순수한 영이 더럽혀질 때가 많습니다.

우리는 예수님과 동행하며 영혼의 구원을 받은 존재입니다. 구원받은 기쁨의 샘인 것입니다. 삶의 전반전과 중반전은 어떠했는지 몰라도, 종반전만큼은 영혼의 구원을 받아 기쁨이 충만할 것입니다. 인생의 종반전은 결국 사랑하는 주님을 뵙는 기쁨의 완성까지 올라갈 것이며, 죽음도 두려워하지 않게 됩니다.

10여 년 전 중국의 우루무치를 방문한 적이 있는데, 그때 중국 공산당 기관지의 정치부 기자가 안내를 맡았습니다. 그는 기독교 신앙이 마치 아편 중독과도 같다면서 비웃었습니다.

그런데 낡은 비행기를 타고 북경에서 우루무치까지 가는 동안 비행기가 난기류에 휩쓸려 곧 추락할 것처럼 심하게 흔들렸습니다. 기자는 얼굴이 새하얘져서 소리를 질렀습니다. 하지만 저는 마음속으로 주님께 기도하며 차분히 위기 상황을 넘겼습니다. 공항에 가까스로 도착한 뒤 그는 저의 침착함에 놀라며 물었습니다. "어떻게 그 상황에서 가만히 있을 수 있습니까?" 그때 저의 대답은 이러했습니다. "저는 예수님을 믿는 사람입니다. 제 인생의 종반전은 결정되어 있기에 죽는다 하더라도 결코 두렵지 않습니다."

고통마저 넘어선 하늘의 기쁨

우리는 이 땅에서 흩어진 나그네의 삶을 살지만, 궁극에는 승리가 보장된 사람들입니다. 우리가 나아가야 할 길은 이 세상 문화와는 잘 맞지 않습니다. 이 세상 문화가 동그란 모양의 파이프라면, 우리는 네모난 모양의 파이프입니다. 동그란 파이프에 아무리 네모난 파이프를 박으려 해도 모양이 맞지 않아 불가능합니다. 우리는 둥글둥글한 세상에서 네모난 말뚝과도 같은 존재입니다. 잔뜩 모가 나서 미운 오리 새끼 취급을 받습니다. 하지만 언젠가는 우리 모두 아름다운 백조가 될 것임을 기억하십시오.

몇 년 전 미국의 《침례교 소식지》Baptist Press News 에 실린 기사입니다. 선교사 카렌 왓슨은 이라크 전쟁 당시 전쟁 난민 센터를 섬겨달라는 제안을 받고 파송되었습니다. 그는 주저하지 않고 주님의 부르심에 순종했습니다. 그런데 이라크 북부에서 무장 게릴라들이 자동소총을 쏘고 수류탄을 던져서 그를 포함한 5명의 선교사들이 죽음을 맞았습니다. 그는 이라크에 가기 전, 다니던 교회 목사님께 편지를 남겼습니다. 그의 편지가 장례식장에서 읽혔습니다.

"하나님이 저를 선교사로 부르셨을 때 저는 주저하지 않았습니다. 가능하면 열방을 향해 제 삶을 드리고 싶었습니다. 저는 어떤 한 지역에만 매인 선교사가 아니라 주님께 부름받은 하나님 나라의 전체 선교사라고 생각했습니다. 저를 부르신 소명에 순종하기 위해 필요하다면 고난도 감수하고, 고난 가운데서도 주님만이 제 영광이시요 보상이 되실 것을 생각하고 기뻐하겠습니다.

제게 가장 중요한 것은 이 사명을 기쁨으로 완수하는 것입니다. 그리고 제가 이 선교 사역을 잘 감당할 수 있도록 기도해주신 성도님들께 감사드립니다. 앞으로도 선교사를 계속 파송해주십시오. 젊은 목회자들을 계속 키워주십시오. 복음을 힘 있게 전파하는 사역에 집중해주십시오. 생명을 변화시키는 영원한 복음만을 전하며 기쁨으로 우리 아버지께 영광을 올려드리기를 원합니다.

선교사는 첫째, 똑똑한 것보다 영혼을 돌보는 마음이 중요하고, 둘째, 자신의 안전을 생각하기보다 위험을 감수하는 것이 중요하고, 셋째, 현실보다는 꿈을 꾸는 것이 소중하며, 넷째, 내 힘으로 가능한 것만 하기보다 더 큰 주님의 일을 기대해야 한다고 생각합니다. 저는 예수님을 따르기 위해 부름받은 사람입니다. 예수님을 알고 주님을 섬기는 것이 가장 큰 기쁨입니다. 주님 사랑의 품 안에서, 샬롬! 카렌."

과연 주님을 헌신적으로 섬기고 선교에 순종한 카렌은 제대로 된 보상을 받은 것일까요? 세상적으로는 안타까운 죽음이라고 생각하겠지만, 우리는 이미 알고 있습니다. 카렌 선교사가 주님을 기쁨으로 섬기고 영혼을 사랑한 그 자체가 이미 보상을 받은 것임을 말입니다.

1세기에 핍박을 받던 그리스도인들은 엄청난 고통 가운데서도 말로 표현할 수 없는 즐거움으로 기뻐했습니다. 바로 하나님의 자녀가 된 구원의 확신과 사랑 때문이었습니다. 그 기쁨이 매우 컸기에 가난에 시달리고 당장 먹을 것이 없어도 문제가 안 되었습니다. 비참하게 동굴 속에 사는 것도 문제가 안 되었습니다. 그 문제를 다 덮어버릴 수 있는 더 큰 능력을 받은 것입니다.

하나님 아버지, 주님과 동행하는 삶을 살다가 주님 앞에 서는 날 우리의 기쁨이 완성되게 해주옵소서. 우리는 세상적인 성공을 기뻐하며 살아왔습니다. 그러나 그 기쁨은 잠시뿐이며 오래가지 못함을 압니다. 주님, 말할 수 없는 즐거움으로 우리 안에 계시는 주님을 더 사랑하게 해주시옵고, 어떤 환경도 이겨내는 천상의 기쁨에 동참하는 자가 되게 해주옵소서. 기쁨의 근원 되시는 예수님의 이름으로 기도드립니다. 아멘.

"주님을 따르는 제자의 삶에는 고난과 아픔이 있지만,
세상 사람들이 알지 못하는 주님 사랑이 있기에 기쁨이 넘칩니다."

베드로전서 1:13-16

13 그러므로 너희 마음의 허리를 동이고 근신하여 예수 그리스도께서 나타나실 때에 너희에게 가져다주실 은혜를 온전히 바랄지어다 14 너희가 순종하는 자식처럼 전에 알지 못할 때에 따르던 너희 사욕을 본받지 말고 15 오직 너희를 부르신 거룩한 이처럼 너희도 모든 행실에 거룩한 자가 되라 16 기록되었으되 내가 거룩하니 너희도 거룩할지어다 하셨느니라

1 PETER

4장

거룩한 성도의
선명한 초점

*"진정한 거룩은 하나님께 쓰임받을 수 있는
그릇으로 준비되는 것입니다."*

천사들도 흠모할 만한 존재

우리가 매일 맞닥뜨리고 사는 세상에 대해 미국 할리우드의 유명한 코미디 배우인 조지 칼린 George Carlin 은 이렇게 말했습니다.

"이 시대는 모순으로 가득하다. 우리는 더 높은 건물을 짓지만 인내심의 높이는 더 짧아졌다. 고속도로의 차선은 더 넓어졌는데 우리의 시야는 더 좁아졌다. 편의시설은 많아지는데 시간은 갈수록 부족하다. 학위는 더 많아지고 지식도 더 많아지는데, 판단력은 갈수록 흐려진다. 전문가들은 많아지는데 문제는 더 커지고 있다.

너무 많이 마시고, 너무 많이 피우고, 너무 대책 없이 소비하고, 너무 빨리 화를 내고, 너무 늦게까지 안 자고, 너무 늦게 일어나고, 하나님의 말씀을 너무 모르고, 텔레비전을 너무 많이 보고, 자기 절제를 위한 금식에는 관심이 없고, 기도도 거의 하지 않는다. 참사랑은 갈수록 적어지고 미움은 갈수록 쌓인다. 서두르는 법은 배웠는데 기다리는 법은 배우지 못했다. 수명은 길어졌는데 어떻게 인생을 살아가야 할지 모른다.

그리고 더 넓은 집에 살지만 내면의 집은 갈수록 황폐해졌다. 공기는 맑게 가꾸려 하지만 영혼은 더러운 채로 내버려둔다. 수입은 갈수록 높아져도 도덕성은 갈수록 추락한다. 키는 커지는데 인격은 짧아진다. 밖에서는 세계 평화를 외치는데 집안은 전쟁터인 사람들이 많다. 집은 갈수록 화려해지는데 가정은 갈수록 황폐해진다. 일회용 컵을 버리는 것처럼 도덕성도 쓰레기통에 버려버린다. 양심도 같이 버렸다."

우리는 너무나 쉽게 영적으로, 도덕적으로 피폐해지고 세상적인 유혹을 좇아 살아갑니다. 거룩의 방파제가 너무 낮아져서 유혹의 쓰나미가 밀려올 때 감당하지 못하고 휩쓸려가는 것입니다. 초대 교회도 마찬가지였습니다. 우상 숭배가 만연하고 도덕적으로 타락한 사람들이 점점 많아졌습니다. 이러한 때에 베드로는 성도들에게 "거룩하라!"고 외쳤습니다.

"오직 너희를 부르신 거룩한 이처럼 너희도 모든 행실에 거룩한 자가 되라"
_벧전 1:15.

이 거룩을 이해하기 위해서는 13절에 나오는 "그러므로"라는 접속 부사의 의미를 알아야 합니다.

"그러므로 너희 마음의 허리를 동이고 근신하여 예수 그리스도께서 나타나실 때에 너희에게 가져다주실 은혜를 온전히 바랄지어다"_벧전 1:13.

"그러므로"는 긍정적인 의미를 갖고 있습니다. 그 이유는 바로 앞 절에서 우리가 하나님으로부터 받은 구원이 천사들도 살펴보기를 원하는 엄청난 것이라는 사실을 말하고 있기 때문입니다. '살펴보다'라는 동사는 너무 보고 싶고 알고 싶어서 까치발을 한 채 고개를 들어 보는 것을 뜻합니다.

천사들의 입장에서는 인간이 예수님으로 인해 구원받는 것이 놀랍고 신기했을 것입니다. 그들은 우리처럼 하나님의 자녀가 될 수 없습니다. 온 우주 만물 가운데 오직 하나님의 구원 대상은 인간뿐입니다. 그리하여 베드로는 천사가 놀랄 만큼 하나님이 우리를 사랑하신다는 말을 한 것입니다. 우리는 천사들보다 더 크고 놀라운 특권을 가진 거룩한 존재요 천사들도 흠모할 만한 존재입니다.

우리가 가장 쉽게 범하는 잘못이 있다면, 하나님이 주신 영광스럽고 특별한 선물을 당연시하는 것입니다. 천사들도 부러워서 살펴보기를 원하는 구원의 선물을 하찮고 시시한 것으로 여긴다면 하나님이 얼마나 슬퍼하시겠습니까? 우리에게 주어진 특권을 제대로 이해해야 거룩의 의미를 바로 알게 됩니다.

내가 거룩하니 너희도 거룩하라

'거룩'은 본래 광채라는 뜻에서 나온 말로, 구별되고 다르다는 의미입니다. 그리스도인은 거룩한 존재로, 세상 사람들과 다릅니다. 예루살렘 성전을 거룩한 집이라고 할 때는 그 성전이 다른 집과 다르다는 의미도 포함됩니다. 예수님이 안식일은 다른 날과 달리 거룩하다고 하셨을 때도 안식일이 구별되는 날임을 뜻합니다.

우리는 다른 사람들과 구별되는 축복을 받았습니다. 우리가 몸담고 있는 가정, 직장, 사업장이 다른 이들과 구별되게 다가옵니다. 미천한 인생이 창조주 하나님 앞에 예배하는 자가 될 때, 우리가 사는 삶의 터전이 하나님의 지혜와 통찰력과 기름 부으심을 받아 구별되는 것입니다.

사도 바울은 로마서 1장에서 "하나님의 사랑하심을 받고 성도로 부르심을 받은 모든 자에게 하나님 우리 아버지와 주 예수 그리스도로부터 은혜와 평강이 있기를 원하노라"롬 1:7고 말했습니다. 여기서 성도로 부르심을 받은 사람은 한두 명이 아니라 모든 사람입니다. 가톨릭은 순교를 하거나 영적으로 뛰어난 사람에게만 거룩하다는 의미의 '성'saint을 붙이는 반면, 우리 기독교는 모든 사람을 성도라고 일컫습니다. 우리는 부족한 것이 많은 부끄러운 존재이지만 주님이 우리를 거룩하다고 선포해주셨기 때문입니다.

주님은 지금도 우리에게 말씀하십니다. "내가 거룩하니 너희도 거룩할지어다." 거룩은 하나님의 가장 중요한 성품입니다. 이러한 거룩한 성품을 잘 때나 깨어 있을 때나, 길을 걸을 때나 서 있을 때나 우리 인생의 모든 영역에서 닮아가야 합니다.

우리가 거룩해지면 하나님의 사람임이 확증됩니다. 이것은 단순한 도덕성이 아니라 높은 수준에 다다른 것을 의미합니다. 거룩한 주님을 닮아가고 그분의 방식을 따르는 사람을 보면 영적 매력이 강하게 느껴집니다. 어딘가 모르게 거룩한 빛이 나고, 은혜가 가득한 듯 보입니다.

"아름답고 거룩한 것으로 여호와께 경배할지어다"_대상 16:29.

거룩함은 내면의 아름다움과도 연결됩니다. 거룩한 사람은 아름다운 기쁨이 있습니다.

거룩성을 회복하라

우리 삶에서 거룩성을 회복하기 위해서는 몇 가지 실천해야 할 것들이 있습니다.

첫째, "그러므로 너희 마음의 허리를 동이고"_{벧전 1:13}라는 말씀처럼 우리의 느슨함을 단단히 묶어서 마음의 준비를 해야 합니다. 1세기 때 이스라엘 사람들은 대부분 통으로 된 원피스 같은 옷을 입었습니다. 그런데 그 옷만 입으면 움직이기 불편해서 허리띠로 느슨한 옷을 묶어 활동하기 편하도록 했습니다.

이와 같이 우리는 마음의 허리를 띠로 묶어 야무지게 일할 준비를 해야 합니다. 마음의 허리를 묶는다는 것은 마음과 생각이 지나치게 게을러지거나 둔해지지 않도록 주의하는 것입니다. 우리의 머릿속에는 날마다 헛된 생각, 악한 생각이 들락날락합니다. 그리고 그러한 생각에 한번 빠지면 그대로 행동합니다. 느슨한 마음은 오직 하나님의 진리로 묶을 수 있습니다.

"그런즉 서서 진리로 너희 허리띠를 띠고 의의 호심경을 붙이고"_엡 6:14.

둘째, 음란을 버리고 근신해야 합니다.

"하나님의 뜻은 이것이니 너희의 거룩함이라 곧 음란을 버리고"_살전 4:3.

거룩성은 성적 순결과 관련되어 있습니다. 이 세상은 점점 성적으로 음란해지고 타락해져갑니다. 이때 우리의 마음을 지킬 수 있는 길은 회개입니다. 반드시 회개의 문을 지나가야만 거룩함을 회복할 수 있습니다. 회개는 우리 삶의 오물과 쓰레기와 흙탕물을 깨끗하게 하는 유일한 정화 장치입니다.

우리는 음란한 생각을 버리고 회개하며 근신해야 합니다. '근신하다'는 헬라어로 술 취하지 말라는 뜻을 갖고 있습니다. 다시 말해 우리를 취하게 만드는 모든 영향력에서 벗어나라는 의미입니다. 우리를 혼란스럽게 만들고, 영적 판단력을 흐리게 만드는 모든 것으로부터 벗어나라는 말입니다. 예를 들어 분노의 감정은 판단력을 흐리게 합니다. 이때 초점을 선명하게 맞추어 기준이 흔들리지 않게 해야 합니다. 그 외에도 우리 삶의 영적 판단을 흐리는 것들은 무수히 많습니다. 신앙생활을 방해하는 것들, 중독성에 빠지게 하는 것들 속에서 하나님께 초점을 맞추고, 우리를 혼미하게 만드는 그것들을 딱 끊어야 합니다.

주변에는 우리를 유혹하는 것들로 가득합니다. 인터넷, 스마트폰, 텔레비전 등을 통해 끊임없이 정보가 쏟아지고, 광고와 음란물이 난무합니다. 이런 상황에서 우리가 제대로 근신하기란 참으로 어렵습니다.

그러나 성령님은 천사도 흠모할 만한 특권을 가진 우리에게 영적 자의식을 주셨습니다. 기독교 역사를 보면 1세기부터 중세기까지는 거룩함을 지키는 수단이 순교였습니다. 주님을 위해 목숨까지 바치는 용기가 있었습니다. 그다음 중세 시대에는 수도원 운동과 같은 금욕 사상이 유행했습니다. 그러다가 20세기에 들어와서 복음 전도가 물결치며 우리의 거룩성이 다듬어졌습니다. 지금은 우리의 정신을 혼미하게 하는 것으로부터 자유로워지기 위해 초점을 뚜렷이 맞추어야 합니다.

복음주의 저술가로 유명한 게리 토마스Gary Thomas 는 신앙이 세상의 유혹에서 벗어나 영적으로 분명해지기 위해서는 하나님께 주파수를 맞추어야 된다고 했습니다. 다시 말해 하나님께 쓰임받을 준비를 하는 것입니다. 하나님이 나를 쓰실 때를 대비하여 영적인 몸 만들기를 하는 사람은 주님을 닮아가는 것입니다.

"주를 향하여 이 소망을 가진 자마다 그의 깨끗하심과 같이 자기를 깨끗하게 하느니라"_요일 3:3.

영적으로 깨끗한 몸을 만들기 위해 자신의 주파수를 주님께 맞추십시오. 마치 마라톤 선수가 42.195킬로미터를 완주하기 위해 날마다 체력을 단련하고, 식단 조절을 하듯이 성실하게 준비해야 합니다.

거룩성은 누군가에게 보이기 위한 것이나 체면을 차리는 외식이 아닙니다. 또한 하나님의 자유함을 얻었다고 해서 모든 도덕성을 폐기 처분하는 자유주의도 아닙니다. 진정한 거룩은 하나님께 쓰임받을 수 있는 그릇으로 준비되는 것입니다. 하나님께 쓰임받을 준비를 하는 매일매일,

가슴 설레고, 영광스럽고, 감격과 감사가 넘칠 것입니다.

셋째, 주님을 믿기 전에 따르던 사욕을 본받지 말아야 합니다.

"너희가 순종하는 자식처럼 전에 알지 못할 때에 따르던 너희 사욕을 본받
지 말고"_벧전 1:14.

이것은 옛날로 돌아가지 말라는 뜻입니다. 옛날에 우리는 무지한 자였
습니다. 하나님의 생명의 역사에 대해 아는 것이 없었습니다. 예수님을
알기 전에 한 모든 행동은 어리석은 것이었습니다.

옛날로 돌아가지 말라는 뜻은 우리의 속사람을 점검해보라는 의미이
기도 합니다. 이스라엘 백성들은 출애굽 후에 광야 생활을 하면서 과거
의 애굽 생활을 회상하며 그리워했습니다. 하지만 그것은 어리석은 행동
입니다. 이미 우리는 홍해를 건넜으므로 이전 일은 생각지 말고, 속사람
을 점검해야 합니다. 우리는 옛 사람으로 돌아가지 말아야 합니다.

"오직 너희를 부르신 거룩한 이처럼 너희도 모든 행실에 거룩한 자가 되라"
_벧전 1:15.

우리가 근신하고 마음의 허리를 동이고 옛 사람을 따라가지 않게 되
면 모든 행실에 거룩한 자가 될 수 있도록 하나님이 우리를 무장시켜주
실 것입니다. 모든 행실에 거룩한 자가 된다는 뜻은 사소하거나 아무것
도 아닌 것에도 주의하게 된다는 말입니다. 거룩성은 아주 작은 부분에

서부터 시작되기 때문입니다. 인생이란 작은 것들이 모여 이루어집니다. 작은 일에 성실하고 최선을 다할 때 우리 인생이 바로 서게 됩니다.

모든 작은 일에 주의하려면 하나님을 의식할 줄 알아야 합니다. 앉을 때나 일어날 때나 함께하시고, 내가 어디 있든지 곁에 계시는 하나님, 우리가 하는 모든 말 속에 함께하시고, 우리의 생각과 행동을 살피시고, 모든 성공과 실패 가운데 함께 계시는 하나님을 바라봐야 합니다. 이렇게 모든 사소한 일에서도 하나님을 의식하는 습관이 들면 거룩한 삶에 한 발자국 다가서게 됩니다.

C. S. 루이스는 "오늘 이 시대의 사람들 가운데 10퍼센트만 거룩하다면 올해 내로 세상이 완전히 뒤집어질 것이다"라고 했습니다. 우리가 이 10퍼센트 안에 들어야 할 것입니다. 하나님께 거룩한 존재로 쓰임받을 수 있다면, 그래서 믿음의 선한 싸움을 싸울 수 있다면 하나님이 우리를 통해 이 시대를 바꾸시리라 믿습니다.

기도 ● PRAYER

하나님 아버지, 천사도 흠모할 만한 복음의 특권을 가지고 많은 삶의 영역에서 주님을 닮아가는 우리가 되게 해주옵소서. 이를 위해 진리의 말씀으로 허리를 동이게 하시고 우리를 몽롱하게 하는 모든 것들로부터 선명한 초점을 회복하게 해주옵소서.

주님, 무방비로 노출된 우리의 자녀들이 더러운 영에 오염되지 말게 해주시고, 거룩한 하나님의 사람으로 무장되어 모두가 하나님께 멋지게 쓰임받게 해주옵소서. 사소한 모든 일들을 조심하고 하나님을 의식하여 우리 모두 아름다운 믿음으로 거룩한 싸움의 승리자가 되게 해주옵소서. 예수 그리스도의 이름으로 기도드립니다. 아멘.

¹⁷외모로 보시지 않고 각 사람의 행위대로 심판하시는 이를 너희가 아버지라 부른즉 너희가 나그네로 있을 때를 두려움으로 지내라 ¹⁸너희가 알거니와 너희 조상이 물려준 헛된 행실에서 대속함을 받은 것은 은이나 금같이 없어질 것으로 된 것이 아니요 ¹⁹오직 흠 없고 점 없는 어린 양 같은 그리스도의 보배로운 피로 된 것이니라 ²⁰그는 창세전부터 미리 알린 바 되신 이나 이 말세에 너희를 위하여 나타내신 바 되었으니 ²¹너희는 그를 죽은 자 가운데서 살리시고 영광을 주신 하나님을 그리스도로 말미암아 믿는 자니 너희 믿음과 소망이 하나님께 있게 하셨느니라 ²²너희가 진리를 순종함으로 너희 영혼을 깨끗하게 하여 거짓이 없이 형제를 사랑하기에 이르렀으니 마음으로 뜨겁게 서로 사랑하라 ²³너희가 거듭난 것은 썩어질 씨로 된 것이 아니요 썩지 아니할 씨로 된 것이니 살아 있고 항상 있는 하나님의 말씀으로 되었느니라 ²⁴그러므로 모든 육체는 풀과 같고 그 모든 영광은 풀의 꽃과 같으니 풀은 마르고 꽃은 떨어지되 ²⁵오직 주의 말씀은 세세토록 있도다 하였으니 너희에게 전한 복음이 곧 이 말씀이니라

1 PETER

5장

거룩한 두려움과
뜨거운 사랑

"하나님을 경외하는 자들에게 나타나는 공통적인 열매는
마음으로 뜨겁게 서로 사랑하는 것입니다."

존중과 사랑이 함께하는 두려움

"외모로 보시지 않고 각 사람의 행위대로 심판하시는 이를 너희가 아버지라
부른즉 너희가 나그네로 있을 때를 두려움으로 지내라"_벧전 1:17.

우리는 보통 공포나 폭압을 경험할 때 두려움을 느낍니다. 그래서 두
려움을 부정적인 것으로 생각합니다. 하지만 말씀 가운데 나오는 두려움
은 부정적인 의미가 아니라 긍정적인 의미를 가집니다. 이것은 하나님을
향한 거룩한 두려움입니다. 거룩한 두려움은 하나님을 경외하는 것과 잇
닿아 있습니다. 하나님의 은혜로 구원받은 백성들이 갖는 경외심에서 나
온 두려움인 것입니다.

"여호와를 경외하는 것은 생명의 샘이니 사망의 그물에서 벗어나게 하느니라"_잠 14:27.

하나님을 경외하려면 두 가지가 필요합니다. 첫째, 하나님을 존중해야 하며, 둘째, 하나님을 사랑해야 합니다. 하나님은 우리의 행위를 심판하는 분인 동시에 우리의 아버지가 되십니다. 심판관이신 하나님 앞에서 존중하는 두려움이 있다면, 아버지이신 하나님 앞에서는 사랑을 경험합니다. 그래서 우리는 하나님을 존중하는 동시에 사랑합니다. 존중하는 마음이 없는 사랑은 진정한 사랑이 아니며, 하나님을 사랑하고 존중하는 마음이 잘 조화를 이룰 때 하나님을 진정 경외한다고 말할 수 있습니다.

그렇다면 하나님을 존중한다는 것은 무슨 뜻일까요? 그것은 언제 어디서든 하나님께 집중하는 것입니다. 사랑과 존중을 통한 거룩한 두려움의 관계는 아버지와 자식의 관계에서 쉽게 접할 수 있습니다. 우리가 생각하는 아버지는 매우 엄격하고 다가서기 어려운 존재입니다. 그래도 그 아버지가 나의 아버지이며 나를 사랑한다는 것을 압니다. 그런 아버지를 기쁘게 해드리려고 노력하고 아버지를 닮고 싶어 하기도 합니다. 내가 아버지를 존중한다고 해서 그것이 아버지와 맞먹는 행위가 되지는 않습니다. 사랑과 존경으로 아버지를 대합니다.

마찬가지로 하나님을 경외한다는 것에는 하나님을 존중하고 사랑하는 의미가 모두 포함되어 있습니다. 이것이 거룩한 두려움이요, 거룩한 존중입니다.

그런데 오늘날 하나님을 두려워하고 경외하는 것이 점점 사라지고 있습니다. 미혹의 영, 악한 영이 우리를 파고들어와 하나님을 함부로 폄하하고 조롱하며 웃음거리로 만듭니다. 하나님께 대한 존중을 모르는 세상이 된 것입니다. 십계명의 제3계명이 "너는 네 하나님 여호와의 이름을 망령되게 부르지 말라"입니다. 우리는 하나님과 예수님을 함부로 회화화해서는 안 됩니다. 하나님을 존중하고 거룩한 두려움으로 그분 앞에서 우리의 자세를 견지해야 합니다.

누가복음 7장을 보면 향유 옥합을 깨뜨려 예수님의 발에 붓고 자신의 긴 머리카락으로 정성스럽게 닦아드린 여인의 이야기가 나옵니다. 그 여인은 진정 예수님을 사랑하고 존경했습니다. 그 경외심으로 그분 앞에 엎드려 눈물을 흘리며 발에 입을 맞추고 비싼 향유로 닦아드린 것입니다.

진정한 두려움은 존중과 사랑이 함께합니다. 건강한 두려움은 올바른 일에 대한 동기부여를 해줍니다. 사랑이 담긴 존중이야말로 우리와 하나님을 올바른 관계로 이어줍니다.

지금 우리 사회에 일어나는 많은 일들을 보십시오. 정치계나 사회 전반에 일어나는 일들을 눈여겨보십시오. 대부분의 사람들이 화가 나 있습니다. 무엇이든 비판적으로 바라보고 분노합니다. 화를 내는 그 속을 들여다보면 하나님을 두려워하지 않음을 알 수 있습니다. 하나님을 경외하는 마음이 사라졌습니다. 진정으로 하나님을 두려워하고 존중한다면 함부로 화를 내거나 인격적인 살인을 하지 않을 것입니다. 물론 거룩한 분노, 의분이라는 것이 발산될 때도 있습니다. 하지만 그것 역시 자기 프레임에 갇혀 있으면서 자기 진영의 논리로 말하는 것과 다를 바 없습니다.

우리가 기도하고 최선을 다했다면 나머지는 하나님께 맡겨야 합니다. 하나님이 통치하신다는 사실을 인정하고 하나님을 신뢰해야 합니다. 이것이 믿음 있는 사람의 태도입니다.

하나님을 경외해야 하는 이유

그렇다면 왜 우리는 이 땅에서 사는 동안 하나님을 경외해야 합니까?

첫째, 이 세상에 있을 때 우리는 나그네와 같은 인생이기 때문입니다.

"너희가 아버지라 부른즉 너희가 나그네로 있을 때를 두려움으로 지내라"
_벧전 1:17.

어느 누구에게도 인생은 영원하지 않습니다. 풀이 마르고 꽃이 떨어지는 것처럼 우리는 짧디짧은 나그네 인생이기 때문에 하나님을 두려워하고 경외하는 것입니다. 빌리 그레이엄Billy Graham은 "인생에 대해 목사님이 발견하신 가장 놀라운 사실이 무엇입니까?"라는 질문을 자주 받았습니다. 그때 그는 주저하지 않고 "인생은 짧다는 것입니다"라고 대답했습니다.

중국인의 정신적 스승으로 불린 지셴린은 자신의 책《다 지나간다》에서 이렇게 고백했습니다. "정신을 차리고 보니 난 벌써 아흔이 되었네." 무언가에 몰두하여 살다 보니 인생 전체가 훌쩍 지나갔다는 것입니다. 어릴 때는 시간이 참 긴 것 같습니다. 그런데 나이가 들수록 인생은 화살처럼 날아갑니다.

"내일 일을 너희가 알지 못하는도다 너희 생명이 무엇이냐 너희는 잠깐 보이다가 없어지는 안개니라" _약 4:14.

이 땅에서 내 인생이 짧다는 것을 아는 사람과 마치 인생이 영원할 것처럼 사는 사람은 하나님께 대한 자세가 완전히 다릅니다. 한 번뿐인 인생은 속히 지나가고, 오직 그리스도를 위한 일만이 영원할 것입니다. 그러므로 우리는 하나님을 경외하고 거룩한 두려움으로 지내야 합니다.

둘째, 하나님이 우리의 짧은 인생을 심판하시기 때문입니다. 하나님은 외모가 아닌 각 사람의 중심과 행위를 보고 심판하십니다.

"각 사람의 행위대로 심판하시는 이"_벧전 1:17.

우리 하나님은 정확한 안목을 가지고 계십니다. 편견이 없으십니다. 우리가 아무리 하나님의 눈을 가리려고 해도 우리의 본심을 꿰뚫고 계십니다. 이 세상에 하나님을 속일 수 있는 사람은 한 명도 없습니다. 우리는 믿음으로 구원받았지만, 우리의 삶과 행위로 심판을 받게 될 것입니다. 그런데 하나님의 심판은 벌을 주시기 위함이 아니라 상 주시기 위함임을 알아야 합니다.

"이는 우리가 다 반드시 그리스도의 심판대 앞에 나타나게 되어 각각 선악 간에 그 몸으로 행한 것을 따라 받으려 함이라"_고후 5:10.

영국의 마틴 로이드 존스Martyn Lloyd-Jones 목사가 임종을 앞두고 있을 때 "평생의 사역에서 가장 중요하게 생각한 것은 무엇이었나?"라는 질문을 받았습니다. 그의 대답은 이러했습니다. "나는 항상 머릿속으로 언젠가 내 삶이 하나님 앞에서 심판받으리란 생각을 했습니다. 나는 끊임없이 이 생각 앞에 서 있었습니다." 일평생 말씀에 붙들려 산 그가 하나님 앞에 설 때 심판받는 것을 생각하며 거룩한 두려움으로 준비했듯이 우리도 그렇게 살아야 할 것입니다. 누구도 심판하시는 주님의 손길을 피할 수 없습니다. 하나님을 두려워하지 않고 가볍게 산 사람들은 그 인생이 지푸라기와도 같아서 심판 날에 불 가운데서 순식간에 타버릴 것입니다. 반면 하나님을 제대로 경외한 사람들은 타지 않는 보석 위에 자기 인생을 세웠기 때문에 그 공력이 그대로 남을 것입니다.

우리는 마치 하나님이 계시지 않는 것처럼 무책임하게 살지 않았는지 돌아보아야 합니다. 악함과 탐욕과 음란과 정욕에 우리의 마음을 내어준다면, 그것은 하나님을 경외하는 삶이 아닙니다. 거짓을 일삼고, 손해 보지 않기 위해 복수하고, 자신이 무조건 이겨야만 하는 욕심에 사로잡혀 있다면, 그는 하나님을 향한 거룩한 두려움이 없는 사람입니다. 예수를 믿는다고 하면서 날마다 불평불만을 늘어놓으며 힘들어한다면, 그는 실천적 무신론자에 지나지 않습니다.

예를 들어 나를 괴롭히는 악인이 있다고 칩시다. 우리는 과연 그 사람을 비난할 자격이 있습니까? 우리가 하나님을 두려워하는 사람이라면 세상적인 방법으로 해결하기보다는 악을 선으로 갚아야 합니다. 비록 억울한 일을 당했다 할지라도 그 사람에 대한 심판을 우리가 해서는 안 됩니다. 언젠가 거룩하신 하나님이 대신 심판해주실 것입니다. 우리는 그저 거룩한 두려움을 가지고 하나님 앞에서 사랑과 존중으로 살아가면 됩니다.

셋째, 우리가 대속代贖함을 받은 존재이기 때문입니다. 우리가 받은 대속은 흠 없고 순결하신 예수 그리스도의 보혈로 이루어진 것입니다. 이 대속이 말할 수 없을 정도로 귀하기에 우리는 주님을 향해 거룩한 두려움을 가질 수밖에 없습니다.

"너희가 알거니와 너희 조상이 물려준 헛된 행실에서 대속함을 받은 것은 은이나 금같이 없어질 것으로 된 것이 아니요 오직 흠 없고 점 없는 어린 양 같은 그리스도의 보배로운 피로 된 것이니라"_벧전 1:18-19.

대속은 노예시장에서 값을 치르고 노예를 사서 그에게 자유를 선포한 것에 비유될 수 있습니다. 그런데 여기서 중요한 것은 예수님이 단순히 금과 은으로 우리를 구원하신 것이 아니라 자신의 보혈로 구원하셨다는 사실입니다. 누군가 억만금을 준다 해도 한 사람의 죄가 대속될 수는 없습니다. 그래서 구원받은 생명은 천하보다 귀합니다. 온 천지에 있는 모든 것들을 다 모아도 한 사람의 죄를 없앨 수는 없기 때문입니다. 우리가 대속받은 것이 얼마나 귀한지 기억한다면 주님 앞에서 거룩한 두려움을 갖게 될 것입니다. 이 놀라운 대속 사건은 창세전부터 계획된 것이었습니다. 치밀하시고 한 치의 오차도 없으신 하나님이 세우신 대속의 은혜가 있기에 우리는 거룩한 두려움을 가질 수 있습니다.

거룩한 두려움으로 맺는 열매들

하나님을 향한 거룩한 두려움을 가진 사람들에게는 공통적인 열매가 나타납니다.

"너희가 진리를 순종함으로 너희 영혼을 깨끗하게 하여 거짓이 없이 형제를 사랑하기에 이르렀으니 마음으로 뜨겁게 서로 사랑하라"_벧전 1:22.

하나님을 경외하는 자들에게 나타나는 공통적인 열매는 마음으로 뜨겁게 서로 사랑하는 것입니다. 이것은 초대 교회의 거룩한 나그네들이 가진 정신이었습니다.

기본적으로 육신의 피를 나눈 형제들은 서로 간에 끈끈한 형제애가 있습니다. 그렇다면 예수 그리스도의 보혈을 받은 우리는 어떠합니까? 그리스도인들 역시 예수님의 피를 나누어 받은 형제들이기에 서로 사랑하는 것이 마땅합니다. 거룩한 두려움으로 하나님을 바라봄으로써 수직적인 사랑이 완성되고, 형제를 뜨겁게 사랑함으로써 수평적인 사랑이 완성됩니다.

'뜨겁게 사랑하라'는 말은 헬라어로, 옛날에 경주마가 완주하는 모습을 일컬을 때 사용하던 단어입니다. 오늘날 하나님 앞에서 거룩한 두려움을 갖고 사는 우리에게 하나님은 끝까지 달릴 수 있는 사랑의 은혜를 주셨습니다.

요즘 교회마다 분열을 일으키는 일들이 참 많습니다. 신앙과 믿음과 선교에 대한 본질적인 문제로 고민하고 부딪치는 것이 아니라 세상적인 욕심으로 편을 가르고 싸웁니다. 그러나 우리는 영적인 가족으로 모인 사람들입니다. 모두가 다른 모양으로 태어났기에 비본질적인 문제에 대해서는 서로 용납하고 끝까지 사랑해야 합니다.

하나님은 우리에게 사랑스럽지 않은 사람을 사랑하라고 말씀하십니다. 왜냐하면 사랑스럽지 않은 사람을 사랑하는 것이 사랑을 배우는 첩경이기 때문입니다. 사랑은 배워야 하는 것입니다. 열매를 맺기 위해서는 가지치기를 하고 가꿔야 합니다. 가정에서, 직장에서 혹은 내가 몸담고 있는 여러 곳에서 사랑하기 힘든 사람이 있다면, 그것은 사랑을 배우라는 하나님의 의도임을 기억하십시오. 그들과의 관계는 궁극적으로 하나님과의 관계와 연결됩니다.

하나님을 향한 거룩한 두려움이 있다면 우리 삶이 흔들림 없이 앞으로 나아갈 수 있을 것입니다. 비록 손해를 본다 해도, 누군가에게 괴롭힘을 당한다 해도 거룩한 두려움만 깨닫는다면, 진실되고 거짓 없는 사랑을 끝까지 실천할 수 있습니다. 복수하지 않고, 악을 선으로 갚을 수 있습니다.

우리 모두가 하나님을 존경하고 사랑함으로 영광스러운 신앙의 깊이를 더욱 다져갈 수 있기를 바랍니다. 얄팍한 세상 가운데서 깊이 있는 신앙인으로 자라나 주님이 기뻐하시는 종들이 되기를 원합니다.

기도 ● PRAYER

하나님 아버지, 거룩한 두려움으로 우리 삶의 허리띠를 다시 한 번 묶게 해주옵소서. 인생의 짧음을 실감하게 하시고, 선악 간에 심판하시는 하나님을 믿으면서 온 천하의 금과 은을 다 모아도 안 되는 대속의 은혜에 감격하게 해주옵소서. 이 사회에 만연한 분노와 공격과 상처의 밑바닥에는 하나님을 불신하는 잘못된 마음이 있음을 깨닫고 우리가 회개하기를 원합니다. 하나님을 경외함으로 서로에 대한 사랑의 부족을 메우는 성숙함을 허락하여주옵소서. 예수 그리스도의 이름으로 기도드립니다. 아멘.

고난을 넘는 성도의
마음 무장

¹ 그러므로 모든 악독과 모든 기만과 외식과 시기와 모든 비방하는 말을 버리고 ² 갓난아기들같이 순전하고 신령한 젖을 사모하라 이는 그로 말미암아 너희로 구원에 이르도록 자라게 하려 함이라 ³ 너희가 주의 인자하심을 맛보았으면 그리하라

1 PETER

6장

성숙지향!_{成熟志向}

"이미 구원받은 우리는 두렵고 떨리는 마음으로 주님을 사모하고,
그분을 닮아가며 성숙해져야 합니다. 더 높은 영적 고지로 올라가야 하는 것입니다."

영적 성숙을 위해 우리가 버려야 할 것들

오늘날 교회 안에는 진정한 신앙인이 아닌 종교인이 많음을 보게 됩니다. 그런 이들은 교회 의식과 전통에 익숙해져 반복적인 신앙 패턴에 의해 믿음 생활을 하지만 속사람은 변화되지 못한 종교인의 삶을 살아갈 뿐입니다.

그리스도인으로서 삶이 성숙한지, 성숙하지 못한지를 알기 위해서는 한번 흔들어보아야 합니다. 그래야 본질적인 신앙 인격이 드러납니다. 세상에 아름다운 영향을 끼치지 못하는 종교인은 한마디로 종교 때문에 겉만 반지르르하게 살이 찐 사람입니다. 주님은 우리에게 믿음의 근육을 강화하라고 하셨습니다. 믿음의 근육을 강화해서 하나님이 원하시는 사람으로 세상에 영향을 끼치며 살기를 원하십니다.

사도 베드로는 단순한 종교인이 아닌 신앙의 경주를 하며 사는 그리스도인이 되기 위해서는 악독, 기만, 외식, 시기, 비방하는 말을 버리라고 말합니다. 이것들을 버려야만 신앙적으로 성숙할 수 있다고 강조합니다. 버린다는 것은 우리 삶의 방식을 바꾼다는 뜻입니다. 그리스도인이 된다는 것은 내가 믿고 따르는 모든 것이 예수 그리스도를 향해 재구성됨을 의미합니다. 구습을 버리고 새로운 생활 방식을 얻는 것입니다.

영적 성숙을 위해 버려야 할 다섯 가지를 살펴보면 다음과 같습니다.

첫째, 악독입니다. 악독은 세속적인 사람들의 가장 큰 특징입니다. 악독은 온갖 종류의 악한 행동이요 남을 억압하고 해치는 행위입니다.

둘째, 기만입니다. 기만은 원하는 것을 얻기 위해 상대방을 속이는 것을 말합니다. 마치 낚시를 할 때 미끼를 던지는 것과 같습니다. 이것은 사탄이 잘 쓰는 방법입니다. 그 속임수가 너무 교묘해서 분별하기가 쉽지 않습니다.

셋째, 외식입니다. 헬라어로 '위선'이라는 의미인데, 연극배우가 가면을 쓰고 무대 위에 서는 것에서 유래한 말입니다. 가면 뒤에 진짜 얼굴을 숨기고 다른 사람인 양 행동하는 것입니다.

넷째, 시기입니다. 다른 사람이 나보다 잘되는 것을 기뻐하기보다는 질투하는 마음을 가지는 것입니다. 이러한 마음은 우리 영혼을 갉아먹고 망칩니다. 다른 사람의 불행을 기뻐하고 비교 의식과 열등감과 분노와 비판

의식에 사로잡힌다면 영혼에 독을 쏟아붓는 것과 똑같습니다. 다른 사람과의 관계에 있어서 시기하는 마음은 반드시 고쳐야 할 핵심 문제입니다.

이것은 비단 그리스도인에게 국한되지 않습니다. 한 중앙 일간지에서 한국, 일본, 중국을 대상으로 '시기 질투 지수'를 조사했더니, 한국이 가장 높게 나왔다고 합니다. 그도 그럴 것이 우리나라는 늘 경쟁에서 이겨야 하는 사회구조에 노출되어 있습니다. 어릴 적부터 1등을 강요당하고, 입시 지옥에 시달리며, 사회 속에서도 1등만 인정받습니다. 그래서 자기보다 뛰어난 사람이 있으면 흠집을 내고, 끌어내리려고 하는 경향이 있습니다.

그리스도인이었던 도산 안창호 선생은 《삼천리》라는 잡지에 의미심장한 글을 남겼습니다. 내용인즉, 우리나라에 훌륭한 지도자가 세워지지 않는 것은 인물이 없기 때문이 아니라 시기 질투로 지도자가 될 만한 인물을 넘어뜨리려 하기 때문이라는 것입니다.

주님을 믿는 우리는 달라야 합니다. 남이 잘되면 기뻐하고, 남이 행복해하면 덩달아 행복해하며 감사할 줄 아는 사람이 되어야 합니다.

《한국인의 의식구조》를 쓴 이규태 선생은 한국 사람들은 경쟁 상대를 내부에서 찾는다고 했습니다. 즉, 같은 직장의 동료들일수록 서로 적대시하고 시기 질투한다는 것입니다. "사촌이 땅을 사면 배가 아프다"는 속담이 괜히 생긴 것이 아닙니다.

교회의 가장 큰 문제는 성도들끼리 서로 다투는 것입니다. 함께 같은 방향을 바라보며 주님이 원하시는 성숙한 신앙의 수준까지 나아가야 하는데, 과거의 잘못을 자꾸 들추며 문제를 삼아 미래를 향해 달려가지 못하게 만듭니다.

다섯째, 비방입니다. 이것은 시기의 소산물이라고 할 수 있습니다. 이 말을 헬라어 원어로 살펴보면 누군가에 대해 낮추어 말한다는 의미입니다. 즉, 상대방을 무시하고 낮추어 보며 험담한다는 말입니다. 요즘의 인터넷 악플이 여기에 포함된다고 할 수 있습니다.

우리가 이 다섯 가지를 버리고 정리하지 않으면 사람과의 관계가 회복되지 않고, 나아가 주님과의 관계도 악화됩니다. 마치 깨진 그릇과도 같아서 성숙한 영성을 담을 수가 없습니다. 몸에 좋지 않은 음식을 계속 먹으면 오히려 좋은 음식이 입에 써서 기피하게 되는 것처럼 다섯 가지 악한 행동은 중독성이 강합니다. 자꾸만 그것에 빠지게 되면 영적 성장이 멈추고, 사람들과의 수평적 관계와 하나님과의 수직적 관계가 엉망이 됩니다.

"누구든지 하나님을 사랑하노라 하고 그 형제를 미워하면 이는 거짓말하는 자니 보는 바 그 형제를 사랑하지 아니하는 자는 보지 못하는 바 하나님을 사랑할 수 없느니라"_요일 4:20.

초신자일 경우에는 하나님과의 수직적 관계가 바로 서야 합니다. 그러면 자연스럽게 수평적 인간관계도 해결됩니다. 반대로 신앙생활을 오래한 신자들은 수평적 관계가 엉망이면 하나님과의 관계도 바로 서지 못합니다. 공동체 사람들을 미워하고 원망하는 마음이 가득하면 하나님과의 관계도 삐걱거리게 되는 것입니다. 내 주위의 가까운 사람들을 돌아보십시오. 가족, 형제, 교회 성도들과의 관계가 불편하다면 나의 영적 성숙의 정도를 확인하고 관계 회복을 위해 힘써야 할 것입니다. 그래야 주님이 원하시는 수준으로 성숙할 수 있게 됩니다.

이런 영적 성숙함에 다다르기 위해서는 신령한 젖을 사모해야 합니다. 이미 구원받은 우리는 두렵고 떨리는 마음으로 주님을 사모하고, 그분을 닮아가며 성숙해져야 합니다. 더 높은 영적 고지로 올라가야 하는 것입니다. "신령한 젖"이란 순수한 말씀의 능력을 가리킵니다. 어린아이가 젖을 먹지 못하면 죽는 것처럼, 우리는 하나님의 순수한 말씀을 먹지 않으면 영적 생명이 유지될 수 없습니다. 젖은 단순한 특혜나 선물이 아니라 생명 줄과도 같습니다. 신령한 젖에 사느냐, 죽느냐의 문제가 달려 있는 것입니다.

영적 성숙으로 나아가라

베드로는 영적 성숙을 위해 버려야 할 것들을 설명하면서 3절에서 그 해결책을 제시합니다.

"너희가 주의 인자하심을 맛보았으면 그리하라"_벧전 2:3.

우리는 보통 자신을 괴롭히는 사람들에 대해 분노와 복수심이 이는 것을 경험합니다. 복수를 위해 이를 갈고, 그가 어려움에 처하면 오히려 잘됐다고 통쾌해합니다. 하지만 우리가 주님을 만나고 그분의 선하심을 맛보면 단지 복수로 인해 얻게 되는 통쾌함과는 비교도 안 되는 기쁨이 있다는 것을 알게 됩니다. 주님을 섬기면서 내 모든 죄악의 짐이 다 떨어져 나가고 영적인 자유함을 얻게 되는 기쁨은 세상의 그 어떤 기쁨에도 비할 수 없습니다.

그러므로 우리 그리스도인들은 세상의 비난과 비판과 복수심과 시기심에서 벗어날 수 있어야 합니다. 주님이 주시는 더 큰 기쁨과 즐거움이 있기 때문입니다. 시편 기자가 말했듯이 여호와의 선하심을 맛본 사람이라면 그분이 주시는 즐거움과 은혜와 자비로움과 능력과 용서와 평안과 감격을 알게 됩니다시 34:8. 그리고 다섯 가지 악덕에 휘둘리지 않고, 수평적 관계와 수직적 관계를 회복하고 이를 지혜롭게 유지할 수 있습니다.

"내가 그들에게 한 마음을 주고 그 속에 새 영을 주며 그 몸에서 돌 같은 마음을 제거하고 살처럼 부드러운 마음을 주어"_겔 11:19.

우리가 새 영을 가지려면 돌처럼 굳은 마음을 제거해야 합니다. 돌짝 밭에서도 씨가 자랄 수 있도록 하려면 돌들을 골라내야 하는 것처럼 말입니다. 주님을 닮아가는 성화의 단계는 어쩌면 매우 고달프고 힘든 과정일 수 있습니다. 하지만 주님의 선하심을 맛본 우리는 그 역경을 이겨낼 힘이 있습니다. 새의 날개처럼 비상할 수 있는 힘이 생기는 것입니다.

평화로운 수평적 관계는 수직적 관계를 여는 열쇠가 되고, 은혜로운 수직적 관계는 수평적 관계를 여는 열쇠가 됩니다. 지금 이 순간, 영적 성숙의 영역을 넓혀가도록 노력하십시오.

기도 ● PRAYER

하나님 아버지, 하나님의 선하심을 맛보아 앞으로 하나님 나라의 귀한 일꾼이 되게 도
와주옵소서. 자기중심적인 삶을 회개하고 말씀의 순수한 진리를 사모하는 우리가 되게
해주옵소서. 다섯 가지 악덕이 우리를 무너뜨리려 해도 하나님의 말씀이 다시 세워주실
줄 믿습니다. 다시 한 번 새 영과 새 마음을 가지고 굳은 마음을 제거함으로써 어둠을
물리치고, 하나님 나라를 위한 열정이 회복되게 해주옵소서. 예수 그리스도의 이름으로
기도드립니다. 아멘.

⁴사람에게는 버린 바가 되었으나 하나님께는 택하심을 입은 보배로운 산 돌이신 예수께 나아가 ⁵너희도 산 돌 같이 신령한 집으로 세워지고 예수 그리스도로 말미암아 하나님이 기쁘게 받으실 신령한 제사를 드릴 거룩한 제사장이 될지니라 ⁶성경에 기록되었으되 보라 내가 택한 보배로운 모퉁잇돌을 시온에 두노니 그를 믿는 자는 부끄러움을 당하지 아니하리라 하였으니 ⁷그러므로 믿는 너희에게는 보배이나 믿지 아니하는 자에게는 건축자들이 버린 그 돌이 모퉁이의 머릿돌이 되고 ⁸또한 부딪치는 돌과 걸려 넘어지게 하는 바위가 되었다 하였느니라 그들이 말씀을 순종하지 아니하므로 넘어지나니 이는 그들을 이렇게 정하신 것이라

1 PETER

7장

예수님처럼 사는
산 돌 인생

"산 돌이신 예수님께 접붙여지면 그 사람은 하나님이 기뻐하시는
신령한 집을 짓는 거룩한 산 돌이 되는 것입니다."

예수님을 향한 고백

이 땅을 살아가는 동안 우리는 죽음을 얼마나 생각할까요? 내가 죽는다고 할 때 묘비에 무엇이라 쓰일지 생각해보십시오. 나 자신이 무엇을 의지해 살았는지, 무엇을 위해 바쁘게 달려왔는지 깊이 생각해보십시오. 예수님을 의지해 그분을 바라보며 살았다고 자신 있게 말할 수 있습니까?

사도 베드로는 자신의 인생에서 중심이 되신 예수님에 대해 다음과 같이 표현합니다.

"예수님은 보배로운 산 돌이시다."
"예수님은 건축자들이 버린 모퉁잇돌이시다."
"예수님은 부딪치는 돌과 걸려 넘어지게 하는 바위이시다."

"건축자가 버린 돌이 집 모퉁이의 머릿돌이 되었나니 이는 여호와께서 행하신 것이요 우리 눈에 기이한 바로다"_시 118:22-23.

건축자가 버린 돌이 집 모퉁이의 머릿돌이 되었다는 말씀은 시편 기자가 예수 그리스도에 대해 예언한 것입니다. 그런데 300년쯤 후에 이사야 선지자가 예수님이 모퉁잇돌이 되신다고 이야기합니다_{사 28장}. 그리고 천 년 뒤에 베드로가 그 말씀을 똑같이 깨달아 이야기하고, 3천 년 뒤인 현재를 사는 우리도 예수님을 그렇게 고백합니다. 이렇게 엄청난 역사를 통해 내려오는 예수님에 대한 고백은 우리에게 큰 은혜를 안겨줍니다.

"귀 있는 자는 성령이 교회들에게 하시는 말씀을 들을지어다 이기는 그에게는 내가 감추었던 만나를 주고 또 흰 돌을 줄 터인데 그 돌 위에 새 이름을 기록한 것이 있나니 받는 자밖에는 그 이름을 알 사람이 없느니라"_계 2:17.

우리는 껍질뿐인 신앙인이 아니라 예수님이 산 돌이심을 믿고 흰 돌을 받아 주님의 신비로움을 누리는 자들이 되어야 합니다. 그렇다면 우리가 믿어야 할 예수님은 어떤 분이십니까?

보배로운 산 돌

"사람에게는 버린 바가 되었으나 하나님께는 택하심을 입은 보배로운 산 돌이신 예수께 나아가 너희도 산 돌같이 신령한 집으로 세워지고"_벧전 2:4-5.

보배로운 산 돌이신 예수님처럼 우리도 신령한 집으로 세워진다고 말씀합니다. 산 돌이신 예수님께 접붙여지면 그 사람은 하나님이 기뻐하시는 신령한 집을 짓는 거룩한 산 돌이 되는 것입니다. 예수님이 튼튼한 반석이 되신다면 우리는 흔들림 없는 굳건한 인생을 살 수 있습니다.

언젠가 이스라엘을 방문하여 예루살렘 성전 지하를 보러 간 적이 있습니다. 그때 땅 밑으로 40~50미터까지 내려갔는데, 그 지하에 엄청나게 큰 돌들이 성전을 받치고 있었고, 그 위에서 샘이 흘러나오고 있었습니다. 반석 위에 세워진 성전을 눈앞에서 보니 실감이 났습니다. 그 장대한 모습에 눈이 휘둥그레지고, 흔들림 없는 성전이 어떤 것인지 새삼 깨닫게 되었습니다. 모퉁잇돌은 원래 건축에서 가장 중요한 토대가 되는 돌입니다. 그런 돌이 되시는 예수님이 우리 삶의 반석이 되어주시니, 생명력 넘치고 흔들림 없는 신앙생활을 할 수 있게 됩니다.

여기서 '산 돌'의 의미에 대해 짚어보겠습니다. 이 말은 사실 문법적으로는 맞지 않습니다. 돌은 생명이 없는 무기물질인데 살아 있다는 표현을 쓰고 있으니 수사학적으로는 모순어법이라고 할 수 있습니다. 말이 안 되면서도 말이 되는 것입니다. 무기물질인 돌은 생명이 없는데 이것이 살아 있는 유기체가 되고 생명의 역사가 된다는 말입니다. 이러한 모순어법은 성경 속에 자주 등장합니다.

"이와 같이 나중 된 자로서 먼저 되고 먼저 된 자로서 나중 되리라"_마 20:16.

"누구든지 제 목숨을 구원하고자 하면 잃을 것이요 누구든지 나를 위하여 제 목숨을 잃으면 찾으리라"_마 16:25.

"하나님의 어리석음이 사람보다 지혜롭고 하나님의 약하심이 사람보다 강하니라"_고전 1:25.

"내가 약한 그때에 강함이라"_고후 12:10.

사도 베드로의 삶을 봅시다. 베드로는 본래 고기 잡는 어부로, 예수님을 세 번이나 부인한 버려진 돌, 생명 없는 돌과 같았습니다. 그런 베드로가 예수님께 나아가서 그분께 접붙여지니 산 돌이 되었습니다.

베드로뿐만이 아닙니다. 열두 제자들도 지극히 평범한 사람들이었습니다. 마치 해변의 자갈처럼 특별한 것이라고는 없는 보통 사람들이었습니다. 그들은 무명의 사람들로, 제대로 배우지 못했고, 능력이 특출하지도 않았습니다. 오죽하면 성령 강림 이후 유대인들이 베드로와 요한을 "학문 없는 범인"으로 알았다고 했겠습니까?

"그들이 베드로와 요한이 담대하게 말함을 보고 그들을 본래 학문 없는 범인으로 알았다가 이상히 여기며"_행 4:13.

"학문 없는 범인凡人"이라는 말은 무식함을 뜻합니다. 유대인들은 그들을 배우지 못한 일자무식쟁이로 바라본 것입니다. 그런 베드로와 요한이 어떻게 변했습니까? 지성과 인격을 갖춘 자들로서 예수님을 전하는 산 돌이 되었습니다. 특히 베드로는 헬라어로 '페트루스'Petrus라고 하는데, 반석이라는 의미입니다. 그는 하찮은 돌이었다가 반석으로 거듭났습니다. 그리고 예수님이 그 위에 교회를 세우겠다고 하셨습니다.

우리나라 교회 역사에도 베드로와 같은 인물이 있습니다. 바로 김익두 목사입니다. 그는 본래 황해도 사람으로, 똑똑하고 총기 있는 젊은이였습니다. 그런데 과거 시험에 낙방하자 크게 실망하고 그때부터 엉망으로 살기 시작했습니다. '망나니 김익두'로 불리던 그가 어느 날 선교사를 통해 예수님을 영접했습니다. 그리고 하늘의 불과 능력이 임한 김익두 목사는 황해도 일대에 강력한 부흥을 일으켰습니다.

장로교 100주년 기념 집회에서 이어령 박사님이 간증을 한 적이 있습니다. 그는 '한국 최고의 지성인'이라는 명성을 지닌 분입니다. 그런 분이 말하기를 "저는 마태복음 20장에 나오는 포도원 품꾼입니다. 오후 다섯 시에 들어가 다른 일꾼들과 똑같은 달란트를 받은 사람입니다. 하나님의 사랑에 감사드립니다. 하나님을 만나고 나니 지식은 더 이상 중요한 게 아님을 깨달았습니다. 지식보다 지혜가 중요한데, 그 지혜는 하나님이 주시는 것입니다. 그 지혜로 깨닫게 되는 가장 중요한 것은 바로 하나님의 사랑입니다"라고 했습니다.

우리는 성령님을 통해 지식이 아닌 지혜를 받았습니다. 그리고 생명의 역사를 깨닫게 되었습니다. 우리는 거기서 더 나아가 죽음을 두려워하지 않고 산 돌의 삶을 살면서 하나님의 복음을 전파합니다.

산 돌같이 신령한 집으로 세워져라

보배로운 산 돌이신 예수님께 나아가는 자마다 산 돌이 된다고 했습니다. 그다음에는 신령한 집을 지을 차례입니다. 이것은 개인적인 의미가 아니라 공동체적인 언어입니다. 공동체적 은혜로 확증되기 위해서는 어떤 일을 하든지 거기에 생명이 있느냐, 없느냐를 따져봐야 합니다. 우리가 버려진 죽은 돌멩이로 남겨지지 않기 위해서는 교회 공동체 안에서 생명을 찾고, 그것이 유기체적으로 움직일 수 있도록 애써야 합니다.

생명력이 있다는 것은 제대로 호흡한다는 것입니다. 강한 생명의 은혜가 있는 사람들은 건강한 호흡을 합니다. 영혼의 생명력 있는 호흡은 바로 기도입니다. 기도의 능력이 있어야 호흡이 제대로 이루어지고, 신령한 집이 생명력을 얻을 수 있습니다. 그리고 이런 사람들이 교회 안에서 점점 늘어날 때 생명의 능력을 가진 교회가 됩니다. 교회 부흥은 환경의 여건으로 되는 것이 아니라 생명과 능력으로 이루어지는 것입니다.

지금 중국에서는 성령의 역사가 강하게 일어나고 있습니다. 집회를 열면 멀리서부터 많은 사람들이 모여 시간 가는 줄 모르고 말씀을 듣고, 찬양하고, 기도합니다. 집회가 끝나는 것이 아쉬워 자리를 뜨지 못할 정도로 말씀에 대한 사모함이 강렬합니다. 그들을 보면 팔딱팔딱 뛰는 믿음의 심장이 무엇인지를 깨닫게 됩니다. 생명의 역사가 있으면 세상 사람들이 알지 못하는 육체의 한계를 뛰어넘는 능력을 받습니다.

우리 한국 교회는 생명의 역사를 회복해야 합니다. 교회를 이루는 모두가 산 돌이 되어 생명력 있는 교회 공동체를 만들어야 합니다. 또한 영적 채석공이 되어 죽은 돌들을 골라낸 다음, 산 돌이 되도록 이끌어야 합니다. 하나님의 일꾼에 맞는 산 돌로 다듬고 광을 내야 하는 것입니다.

그런데 가끔 산 돌이 되지 못하고 부딪치는 돌, 걸려 넘어지는 바위가 되는 사람들도 있습니다.

"또한 부딪치는 돌과 걸려 넘어지게 하는 바위가 되었다 하였느니라" _벧전 2:8.

그들은 주의 몸 된 교회에 대한 잘못된 시각을 가지고 반역하고, 하나님의 사역을 모욕합니다. 우리는 이런 자들이 되어서는 안 됩니다. 걸려 넘어지는 돌이 아니라 주님의 산 돌이 된다면 우리 인생에 폭풍이 몰아쳐도 결코 흔들리지 않고, 수치를 당하지도 않을 것입니다.

A. W. 토저A. W. Tozer는 내 인생이 참으로 반석 되시는 예수 그리스도 위에 서 있는지 알려면 세 가지 질문을 던져보라고 했습니다. 첫째, "나는 누구에게 속해 있는가?", 둘째, "나는 누구에게 충성해야 하는가?", 셋째, "나에게 순종을 요구할 권세를 가지신 분은 누구인가?" 이 세 가지 질문을 하나로 정리하면 "나의 주인은 누구인가?"입니다.

내 삶의 중심에 예수님을 주인으로 모시면 그동안 답답하기만 했던 인생이 자리를 잡고 바로 서기 시작합니다. 하지만 이와 반대로 부딪치고 넘어지는 돌이 된 사람들은 자기 마음대로 인생을 주장하고 주인 노릇을 하다가 허투루 낭비하게 됩니다.

우리는 당연히 거룩한 산 돌이 되는 삶을 택해야 할 것입니다. 그리고 마지막 날 묘비에 "나는 굳건한 반석 되시는 예수 그리스도를 의지하며 생명의 역사에 동참하다가 주님 앞에 섰습니다"라고 새길 수 있어야 합니다.

기도 ● PRAYER

하나님 아버지, 우리 인생의 마지막 시간에 예수님의 생명 때문에 죽은 돌멩이 같은 내 인생이 산 돌이 되었다고 고백하게 해주옵소서. 껍데기 신앙을 버리고 하나님이 주시는 신령한 지혜로 주님 사랑을 깨닫게 해주시고, 보배로운 산 돌의 삶을 살게 하옵소서. 예수 그리스도의 이름으로 기도드립니다. 아멘.

⁹그러나 너희는 택하신 족속이요 왕 같은 제사장들이요 거룩한 나라요 그의 소유가 된 백성이니 이는 너희를 어두운 데서 불러내어 그의 기이한 빛에 들어가게 하신 이의 아름다운 덕을 선포하게 하려 하심이라 ¹⁰너희가 전에는 백성이 아니더니 이제는 하나님의 백성이요 전에는 긍휼을 얻지 못하였더니 이제는 긍휼을 얻은 자니라 ¹¹사랑하는 자들아 거류민과 나그네 같은 너희를 권하노니 영혼을 거슬러 싸우는 육체의 정욕을 제어하라 ¹²너희가 이방인 중에서 행실을 선하게 가져 너희를 악행 한다고 비방하는 자들로 하여금 너희 선한 일을 보고 오시는 날에 하나님께 영광을 돌리게 하려 함이라

1 PETER

8장

하나님 백성의
고귀한 신분 상승

> "그리스도인의 미래는 하나님의 부르심에 달려 있습니다.
> 우리는 하나님이 택하신 왕족입니다."

변화된 신분

왕 같은 제사장

우리는 예수 그리스도로 말미암아 하나님이 기뻐하시는 새로운 신분을 갖게 되었습니다. 택하신 족속, 왕 같은 제사장, 거룩한 나라, 그의 소유된 백성이 된 것입니다. 이렇게 하나님의 사람으로 새롭게 무장된 사람들은 어려운 일이나 위기를 당했을 때 담대한 반응을 보이게 됩니다. 분명한 소명 의식과 확고한 신분을 가지고 나아간다면 세상 속에서도 명확하게 길을 알 수 있습니다. 우리가 아무리 하찮은 존재라도 이 땅의 역사를 바꿀 능력은 하나님이 주시는 것입니다.

기독교 변증학자 오스 기니스Os Guinness는, 하나님은 우리의 재능에 맞게 우리를 만드시는 것이 아니라 그분이 선택한 자리에 맞게 우리를 창조하시고 우리의 재능을 만드신다고 말합니다. 그래서 누구든지 신분에 맞게 재능이나 행동이 따라간다는 것입니다. 우리 운명은 부모의 소원이라든지, 상사의 지시라든지, 동년배 그룹의 압력이라든지, 사회적인 요구에 달려 있지 않습니다. 비그리스도인들은 이런 영향에 좌지우지되겠지만, 그리스도인의 미래는 하나님의 부르심에 달려 있습니다. 우리는 하나님이 주신 신분에 따라 무엇을 할 것인지를 결정해야 합니다. 우리의 신분은 고귀하며, 우리는 함부로 다루어져서는 안 될 존재입니다. 우리는 하나님이 택하신 왕족입니다.

소유된 백성

'소유된 백성'이라는 말은 매우 특별한 표현입니다. 우리는 세상 사람들과 겉모습은 똑같습니다. 하지만 존재 양식은 완전히 다릅니다. 하나님의 특별한 백성이기 때문입니다. 그분의 소유가 된 우리는 가치가 급상승합니다.

어떤 유명인이 사용한 물건들은 그 주인이 죽고 난 후 엄청난 고가의 상품이 됩니다. 이처럼 평범하기 그지없던 우리도 창조주 하나님의 소유가 됨으로써 값으로 따질 수 없는 특별한 존재가 되는 것입니다. 그분의 손길로 택하심을 받은 사람은 고귀한 신분이 됩니다. 우리가 처한 환경이 아무리 궁색하다 해도 하나님의 소유된 백성임을 자각하고 그 마음을 유지하면서 기도하고 헌신하면, 하나님은 우리의 삶을 인도하십니다.

교회 안에서도 목회자만 제사장이라고 생각한다면 큰 오산입니다. 우리 모두가 제자훈련을 받고 하나님 앞에 헌신하면서 똑같은 제사장의 신분을 가지게 되었습니다. 이 사실을 제대로 깨닫고 역동적으로 주님께 쓰임받는 자가 많아질수록 교회가 부흥합니다.

거룩한 제사장으로의 부르심

하나님은 우리를 거룩한 제사장으로 불러주셨습니다. 여기에 담긴 의미는 깊고도 오묘합니다. 우리가 잘나서도, 거룩해서도 아닙니다. 하나님이 그렇게 불러주심으로 우리는 그 부르심에 순종하여 제사드리는 신분이 되었습니다.

하나님이 일방적으로 주신 신분

구약 시대의 제사장은 레위 지파 가운데 가장 뛰어나고 영특한 아론의 자손 중에서 뽑았습니다. 충성심으로 보자면 베냐민 지파도 지지 않았고, 정통성으로 보자면 유다 지파도 빠지지 않았습니다. 그런데 하나님은 무조건 레위 지파 아론의 자손들 중에서 제사장을 택하셨습니다. 이는 선택된 사람이 어떤 특별한 재능이 있어서가 아님을 보여주시기 위함입니다. 하나님의 일방적인 선택인 것입니다. 이에 대해 이사야 선지자는 다음과 같이 말했습니다.

"오직 너희는 여호와의 제사장이라 일컬음을 받을 것이라 사람들이 너희를 우리 하나님의 봉사자라 할 것이며 너희가 이방 나라들의 재물을 먹으며 그들의 영광을 얻어 자랑할 것이니라" _사 61:6.

'제사장이라 일컬음을 받았다'는 말은 제사장직을 능력으로 쟁취한 것이 아니라 하나님이 선언해주셨다는 의미입니다.

> "그의 아버지 하나님을 위하여 우리를 나라와 제사장으로 삼으신 그에게 영광과 능력이 세세토록 있기를 원하노라 아멘"_계 1:6.

요한계시록을 보아도 우리를 나라와 제사장으로 삼으셨다고 말씀합니다. 우리가 노력하여 이룬 것이 아니라 하나님이 주신 것입니다. 부족한 우리를 왜 제사장으로 삼으셨는지는 아무도 모릅니다. 그러므로 우리는 더 깊은 감사와 감격에 빠지게 됩니다.

하나님 앞으로 나아가는 존재

왕을 겸한 제사장직은 백성들을 대신하여 하나님 앞에 나아가는 존재입니다. '제사장'은 라틴어로 '폰티팩스'pontifex라고 하는데, 폰티는 만든다는 의미이고, 팩스는 다리라는 뜻입니다. 즉, 다리를 만든다는 것입니다. 제사장은 하나님과 백성들 사이에서 중간 다리 역할을 합니다. 제사장들 중에서 대제사장은 일 년에 한 번 있는 대속죄일에 양의 피를 가지고 지성소의 두꺼운 휘장 뒤로 들어갑니다. 그리고 지성소 안에 있는 언약궤 위 속죄소에 피를 뿌립니다. 대제사장이 대속죄일에 속죄소에 뿌린 피는, 온 백성의 죄를 피로 덮어 죄 사함을 받았음을 상징하는 아주 중요한 것입니다.

이렇게 구약 시대에는 백성들이 하나님 앞에 직접 나아가 제사를 드리지 못하고 제사장이 그 일을 대신했습니다. 그런데 신약 시대에 와서 예수님이 이 땅에 오시고 십자가에 못 박혀 돌아가심으로, 구원받은 모든 사람들이 왕 같은 제사장이 되었습니다. 예수 그리스도를 통해 하나님 앞에 나아갈 수 있는 거룩한 의義를 얻은 것입니다.

"그러므로 형제들아 우리가 예수의 피를 힘입어 성소에 들어갈 담력을 얻었나니" _히 10:19.

성소는 제사장만 들어갈 수 있는 장소입니다. 그런데 우리가 예수님의 피로 인해 성소에 들어갈 담력을 얻게 되었습니다. 우리는 매번 주일이 되면 주님을 만나서 강하고 담대해집니다. 중간 다리를 거치지 않고 우리가 직접 하나님께 기도하고 간구할 수 있게 되었으며, 이를 통해 하나님은 우리에게 때를 따라 돕는 은혜를 베풀어주십니다.

마르틴 루터는 이 진리를 깨닫고 만인제사장을 외치며 종교개혁을 일으켰습니다. 만인제사장이란 언제든지 하나님께 직접 나아갈 수 있는 특권을 가진 사람을 말합니다. 오늘을 사는 우리는 하나님 앞에 직접 나아가는 특권을 가지고 우리의 삶과 신앙과 이 시대를 개혁할 수 있어야 합니다.

거룩한 산 제물로 주의 아름다운 덕을 선포하라

구약 시대의 제사장은 희생제물로 제사를 드렸습니다. 그 당시 제물로 쓰인 것은 소, 양, 비둘기 같은 동물이었습니다. 하지만 우리는 그런 동물들을 제물로 드리지 않아도 됩니다. 그리고 우리가 드릴 제물은 따로 있습니다.

"그러므로 형제들아 내가 하나님의 모든 자비하심으로 너희를 권하노니 너희 몸을 하나님이 기뻐하시는 거룩한 산 제물로 드리라"_롬 12:1.

소와 양과 비둘기 대신 우리의 몸을 제물로 드리라고 말씀합니다. 그렇다고 우리 몸을 제단 위에서 불태우라는 것이 아닙니다. 예를 들어 우리가 온 마음을 다해 찬양하면 그것이 제사가 됩니다.

"그러므로 우리는 예수로 말미암아 항상 찬송의 제사를 하나님께 드리자 이는 그 이름을 증언하는 입술의 열매니라"_히 13:15.

진충갈력盡忠竭力, 즉 마음과 뜻을 다해 찬송하면서 하나님께 나 자신을 드릴 수 있으면 그것이 바로 진짜 은혜요 축복입니다. 요한계시록 8장에서는 우리가 주님 앞에 드린 기도가 주님이 받으시는 제물이 된다고 했고, 로마서 15장에서는 우리를 통해 구원받는 사람이 하나님께 제물이 된다고 했습니다. 수십 년이 흘러도 예수님을 영접하지 않던 사람이 갑자기 눈과 귀가 열리고 하나님의 말씀에 집중하면 그 사람은 하나님 앞에 제물이 된 것입니다. 또한 선을 행하고 나누는 것도 하나님이 기뻐하시는 제사가 됩니다.

"오직 선을 행함과 서로 나누어주기를 잊지 말라 하나님은 이 같은 제사를 기뻐하시느니라"_히 13:16.

한마디로 말하면, 우리 삶 전체가 제물이 되는 것입니다. 제물을 생각할 때 가장 먼저 가인과 아벨의 제사를 떠올리게 됩니다. 하나님은 곡식으로 드린 가인의 제사는 받지 않으시고 양을 드린 아벨의 제사는 받으셨습니다. 그 이유는 가인은 형식적으로 제사를 드렸고, 아벨은 진정 마음을 다해 자신의 삶을 드렸기 때문입니다.

음악의 아버지인 요한 세바스찬 바흐 Johann Sebastian Bach는 자기가 작곡한 모든 곡 아래에 'S. D. G.'라는 사인을 했다고 합니다. 이는 라틴어로 '솔리 데오 글로리아'Soli Deo Gloria, 즉 '오직 하나님께 영광을'이란 뜻입니다. 그는 자신의 작곡을 개인의 작품으로만 끝내지 않고 하나님 앞에 제물로 드린 것입니다.

이처럼 우리도 무엇을 하든지 주님께 제물로 드린다는 마음으로 임하면 하나님이 놀라운 은혜로 채워주실 것입니다.

그렇다면 내 삶 전체가 제물이 되는 축복과 은혜를 받은 우리는 무엇을 해야만 할까요? 바로 주님의 아름다운 덕을 선포해야 합니다.

"너희를 어두운 데서 불러내어 그의 기이한 빛에 들어가게 하신 이의 아름다운 덕을 선포하게 하려 하심이라 너희가 전에는 백성이 아니더니 이제는 하나님의 백성이요 전에는 긍휼을 얻지 못하였더니 이제는 긍휼을 얻은 자니라"_벧전 2:9-10.

여기서 '아름답다'는 말은 탁월하다는 의미입니다. 이 말은 관념적인 단어가 아니라 경험적인 단어입니다. 우리가 직접 경험한 은혜를 선포하는 것입니다. 우리가 경험한 은혜는, 예수님을 통해 죄의 결박에서 벗어나 하나님 앞으로 나아온 것입니다. 그러므로 우리는 평생 동안 아름다운 덕을 선포하며 살아야 할 존재입니다. 세상을 향해 보냄 받은 소명자로서 살아가야 하는 것입니다. 더불어 제자 삼는 일에 더욱 매진해야 합니다. 존 스토트 목사는 생전에 《크리스채너티 투데이》*Christianity Today*의 인터뷰를 통해 "교회가 성장하는 것도 좋지만 그 깊이가 같이 따라야 한다. 그러기 위해서는 제자를 키워야 한다"고 했습니다.

우리에게 분명한 신분 의식이 있으면 하나님이 우리를 통해 일하실 것입니다. 부족한 우리를 거룩한 제사장으로 선포하신 하나님께 감사해야 합니다. 왕을 겸한 제사장으로 품위를 높여주신 하나님을 찬양해야 합니다. 이러한 신분으로 살아갈 때 하나님은 필요한 것들을 허락해주실 것입니다.

"예수 믿으면 나도 당신처럼 될 수 있을까요?"

왕 같은 제사장이 된 그리스도인이 세상 사람들로부터 들을 수 있는 가장 좋은 말은 무엇일까요? "예수를 믿으면 나도 당신처럼 될 수 있을까요?"일 것입니다. 그 정도라면 우리가 이 세상에서 빛과 소금의 역할을 제대로 감당하고 있다는 증거가 되기 때문입니다. 그렇다면 어떻게 해야 그런 그리스도인이 될 수 있을까요?

첫째, 영혼을 거슬러 싸우는 육체의 정욕을 제어해야 합니다.

"사랑하는 자들아 거류민과 나그네 같은 너희를 권하노니 영혼을 거슬러 싸우는 육체의 정욕을 제어하라"_벧전 2:11.

베드로는 1세기에 핍박받는 그리스도인들을 향해 "너희는 이 땅에서 거류민과 나그네 같은 존재들이다. 그러나 너희는 하늘나라의 주인이다"라고 하면서 육체의 정욕을 제어하라고 말합니다.

예수 믿는 사람들은 누구나 육체의 정욕을 제어하며 본을 보이는 삶을 살아야 합니다. "육체의 정욕"이라는 말은 육신의 유혹을 말하는 것입니다. 우리는 구원받은 존재이지만 여전히 부패한 본성을 가지고 있습니다. 그래서 끊임없이 육체의 소욕과 싸워야 합니다. 다시 말해 예수님을 믿게 된 순간부터 영적 전쟁에 돌입하는 것입니다. 알코올 중독, 마약 중독, 성 중독 등은 물론이고, 내면의 전쟁을 혹독히 치러야 합니다. 특별히 옛 습관과 우리의 자아에 대해 영적 전쟁을 해야 합니다.

내면과 싸워 자신을 이기지 못하면 다른 사람도 이길 수 없습니다. 내면의 전쟁에서 승리해야 외부 전쟁에서도 승리를 거둡니다. 직장에서 나에게 무례하게 행동하는 사람 때문에 미움과 분노의 감정이 생겼다면 이미 내면의 전쟁이 시작된 것입니다. 누군가를 짓밟고 일어서야 내가 성공할 수 있다는 유혹에 사로잡혀 있다면 내면의 전쟁이 일어난 것입니다. 여기서 내가 하고 싶은 대로 살겠다고 마음먹어버리면 내면의 전쟁에서 패한 것입니다.

조지 뮬러는 나이가 들어 괴팍한 늙은이가 되지 않게 해달라고 기도했습니다. 평생 기도에 매달리며 영적 승리자로 산 그가 자신의 마음에 쓴 뿌리가 생기지 않도록, 나이가 들면서 고집과 교만에 빠지지 않고 다른 사람을 더 사랑하고 보듬게 해달라고 기도한 것입니다. 우리도 육체의 정욕과 내면의 전쟁에서 승리할 수 있도록 기도에 매진해야 할 것입니다.

둘째, 탁월한 모범을 보여야 합니다.

"너희가 이방인 중에서 행실을 선하게 가져 너희를 악행 한다고 비방하는 자들로 하여금 너희 선한 일을 보고"_벧전 2:12.

'행실을 선하게 갖는다'는 말은 본이 되는 삶을 살아야 한다는 뜻입니다. NASV New American Stand Version 성경에는 이 말이 "behavior excellent"라고 되어 있습니다. 번역하면 '탁월하게 행동하라'는 뜻입니다. 이 말을 헬라어 원어로 해석하면 쾌활하고, 사랑스럽고, 매력적이고, 칭찬받을 만하다는 의미를 가집니다. 결국 우리의 선한 행동을 보고 믿지 않는 사람들이 감동받게 하라는 것입니다. 우리는 이 세상에서 가장 친절하고 은혜로운 사람, 가장 믿을 만한 사람, 가장 정직한 사람이 되어야 합니다.

세상 사람들은 우리를 늘 지켜봅니다. 그냥 슬쩍 보는 정도가 아니라 집중하여 뚫어져라 쳐다봅니다. 우리가 어떻게 돈을 쓰는지, 문제를 어떻게 해결하는지, 어려운 사람들에게 어떻게 반응하는지, 우리의 일거수일투족을 관찰합니다. 그리하여 우리의 행동이 올바르지 못할 때는 혀를 차고 손가락질을 하며 비판합니다. 생각만 해도 부끄럽고 수치스러운 일입니다. 우리가 하는 일상의 행동이 사람들을 예수님께로 인도할 수도 있고, 반대로 더 멀리 떨어지게 만들 수도 있음을 명심해야 합니다.

본을 보여야 하는 곳은 비단 교회나 사회에서만이 아닙니다. 우리 삶의 가장 기본이 되는 가정에서도 탁월한 본을 보이는 것이 중요합니다. 특히 부모가 자녀의 본이 되는 것은 아이들을 신앙 안에서 제대로 키워 내야 함에 있어서 필수 불가결한 요소입니다.

부모는 성경 말씀을 마음에 새기고 자녀들에게 부지런히 가르쳐야 합니다_신 6:6. 가정 예배를 성실하게 드린 가정의 아이들은 자라서도 80퍼센트가량 가정 예배를 드린다고 합니다. 그만큼 본을 보이는 교육이 중요하다는 의미입니다.

부모가 자녀를 키우는 것은 연날리기와 같다고 말하는 사람이 있습니다. 부모는 가느다란 실로 묶어 자녀라는 연을 하늘 높이 띄웁니다. 얼레를 돌리며 점점 더 높이 띄우면 연은 바람을 타고 둥실둥실 떠 있습니다. 그런데 실이 툭 끊어지면 연은 맥없이 땅으로 처박힙니다. 연을 땅으로 떨어뜨리지 않으려면 물리적인 실이 아니라 눈에 보이지 않는 기도의 실로 매달아야 합니다. 기도의 실은 부모인 우리가 얼레를 갖고 있는 것이 아니라 하나님이 갖고 계시기 때문에 안심하고 하늘로 띄울 수 있습니다. 그 실은 절대로 끊어지지 않을 테니 말입니다.

셋째, 부당한 공격을 당해도 놀라지 말아야 합니다.

"너희가 이방인 중에서 행실을 선하게 가져 너희를 악행 한다고 비방하는 자들로 하여금 너희 선한 일을 보고 오시는 날에 하나님께 영광을 돌리게 하려 함이라"_벧전 2:12.

초대 교회 때부터 부당한 공격은 그리스도인들에게 항상 있어 왔습니다. 초대 교회 성도들처럼 주님 앞에서 정직하게 산 사람들은 없었습니다. 그런데도 로마 황제를 주인으로 모시지 않는다고 국가에 불충성하는 존재로 매도당했습니다. 또한 예수님의 피와 살로 성찬식을 한다고 하니 인육을 먹는 것으로 오인당해 부당한 공격을 받았고, 육신의 아버지보다 하나님 아버지를 사랑해야 한다는 것 때문에 가정을 깨는 종교라는 잘못된 공격도 받았습니다. 지금도 전 세계에서 예수 믿는 사람을 공격하고 조롱하는 이들이 많습니다. 그들은 마치 기독교 신앙을 공격하는 것이 지성의 표본인 것처럼 여깁니다.

이 같은 공격을 받을 때 우리는 선하고 바른 행동을 하는 하나님의 백성으로 서야 합니다. "너희 선한 일을 보고 오시는 날"에서 "오시는 날"은 심판의 날을 의미합니다. 그리고 '하나님께 영광을 돌린다'는 것은 사람들이 주님 앞으로 돌아왔을 때 하나님이 큰 영광을 받으신다는 뜻이며, 예수님을 거절하여 영원한 멸망에 처해질 사람이라도 하나님 앞에 무릎을 꿇고 예수님을 주라 시인하며 영광을 돌린다는 뜻입니다. 결국 믿든지 믿지 않든지 우리가 전하는 복음 앞에서 하나님이 영광을 받으신다는 뜻이 됩니다.

우리 속에 있는 기쁨 때문에, 우리 속에 있는 진리 때문에, 우리 속에 있는 평안과 능력과 용서와 순결과 소망 때문에 아름다운 예수 그리스도를 섬기는 미덕이 나타나고, 사람들이 그것을 보며 주님께로 돌아오는 축복이 일어나기를 바랍니다.

성도란 믿지 않는 사람들이 주님을 믿도록 인도하는 사람입니다. 우리는 세상을 변화시키는 공동체로 은혜의 혁명을 일으켜야 합니다. 예수 믿는 우리처럼 살고 싶어 하는 사람들이 점점 늘어나는 혁명 말입니다.

기도 • PRAYER

하나님 아버지, 우리같이 부족한 존재에게 고귀한 신분을 선포해주심을 찬양합니다. 우리 주위에 있는 수많은 사람들이 우리로 인해 예수 그리스도를 믿고 하나님 나라가 확장될 수 있기를 원합니다. 은혜의 혁명에 동참하는 우리가 되게 해주옵소서. 예수님의 이름으로 기도드립니다. 아멘.

베드로전서 2:13-17

¹³인간의 모든 제도를 주를 위하여 순종하되 혹은 위에 있는 왕이나 ¹⁴혹은 그가 악행하는 자를 징벌하고 선행하는 자를 포상하기 위하여 보낸 총독에게 하라 ¹⁵곧 선행으로 어리석은 사람들의 무식한 말을 막으시는 것이라 ¹⁶너희는 자유가 있으나 그 자유로 악을 가리는 데 쓰지 말고 오직 하나님의 종과 같이 하라 ¹⁷뭇사람을 공경하며 형제를 사랑하며 하나님을 두려워하며 왕을 존대하라

1 PETER

9장

자유함 가운데
행하는 참순종

"우리에게 주어진 참자유는 내가 세상의 중심인 것처럼 멋대로 하는 자유가 아니라
하나님께 순종하는 자유입니다."

불순종의 씨앗

성경의 교리 가운데 가장 실천하기 힘든 교리가 있다면 순종의 교리가 아닐까 싶습니다. 얼핏 생각하기에 순종이라는 코드는 오늘을 사는 사람들에게 왠지 맞지 않는 것처럼 보입니다. 현대 사회는 순종적인 사람보다는 자기주장이 확실하고 톡톡 튀는 사람을 선호하기 때문입니다.

복음주의 영성학자 게리 토마스는 인간이 하나님께 가장 불순종하는 이유는 인간적인 욕심이나 삐뚤어진 욕망 때문이기도 하지만 자기 인생은 자기가 알아서 하겠다는 마음 때문이라고 했습니다. 우리는 각각 자기 길을 가려고 하는 욕심이 있습니다.[사 53:6] 태어날 때부터 반역의 씨앗, 반항의 씨앗, 불순종의 씨앗, 거역의 씨앗을 품고 있는 것입니다.

청소년정신의학회가 조사한 바에 의하면 청소년의 30퍼센트가 반항

장애를 앓고 있다고 합니다. 부모나 어른들의 말에 무조건 반항하고, 규칙을 어기고, 자신의 고집대로 행동하며 폭력을 일삼는 아이들이 점점 늘어나고 있습니다. 영적으로 보았을 때 우리 역시 하나님께 반항 장애를 갖고 있습니다. 순종하지 않고 영적으로 미성숙한 그리스도인들이 많다는 것입니다.

그렇다면 세상 권위에 대해 우리는 어떻게 해야 할까요? 불순종이 옳을까요? 아니면 순종이 옳을까요?

세상 권위에 순종하라

베드로는 나라의 질서를 무너뜨리는 무정부 상태가 되지 않도록, 통치하는 총독에게 순종하라고 말합니다. 이것은 인간에게 주신 모든 권위에 순종하라는 대원칙이라 할 수 있습니다.

> "인간의 모든 제도를 주를 위하여 순종하되 혹은 위에 있는 왕이나 혹은 그가 악행하는 자를 징벌하고 선행 하는 자를 포상하기 위하여 보낸 총독에게 하라"_벧전 2:13-14.

요즘 식으로 말하면 대통령이나 장관 등 나라를 이끄는 지도자들에게 순종하라는 이야기입니다. 하지만 그런 지도자들이 꼭 훌륭하리라는 보장은 없습니다. 자격 미달의 모습이 그들 가운데 보이면 그 권위에 순종하고 싶지 않은 마음이 생기는 것은 당연합니다. 베드로가 살던 당시에도 그랬습니다. 그때의 왕은 폭군으로 유명한 네로였습니다. 잔혹하고 악명 높은 왕이었습니다. 그런데 그런 왕에게조차 순종하라고 했습니다.

이렇게 말할 수 있었던 이유는 예수님의 태도에 있습니다. 예수님은 로마 정부나 로마 황제의 권위를 인정하셨습니다. 예수님 시대에는 권위에 대한 입장에 따라 세 개의 파로 나뉘었는데, 그중 에세네파는 세상을 피해 수도원 생활을 하는 자들이었고, 사두개파와 바리새파는 로마의 권력과 결탁해 부당이득을 취한 자들이었으며, 셀롯당은 로마 정부의 권위에 강하게 저항하며 폭력을 일으키는 자들이었습니다. 예수님은 이 셋 가운데 어느 파에도 속하지 않으셨습니다. 그리고 그분의 방식대로 로마 정부와 황제의 권위를 인정하셨습니다. 그들도 모두 하나님께로부터 왔다고 하시며 성전세를 바침으로써 불의한 권위를 존중하신 것입니다.

그러나 이런 순종이 결코 쉽지는 않습니다. 초대 교회 때 예수님 대신 황제를 주로 섬기라고 한 것이나 일제강점기 시절 신사참배를 강요한 일은 기독교 신앙에 위배되는 것이었습니다. 그럼에도 우리는 그런 상황에서 폭력적인 저항을 보여서는 안 됩니다. 세상 지도자들이 불의하고, 하나님을 모욕하며, 그리스도인들을 핍박한다 할지라도 우리는 신앙을 지키며 비폭력적인 저항을 해야 합니다. 비폭력적인 저항은 세상의 핍박과 박해를 감내하는 무저항의 저항과 연결되어 있습니다. 온갖 고통을 당해도 꿋꿋이 참는 것이 선으로 악을 이기는 전법입니다. 이는 하나님의 나라와 영원한 세계에 대한 안목이 없으면 결코 할 수 없는 행동입니다.

엔도 슈사쿠가 쓴 《침묵》을 보면 일본 막부 정부의 영주들이 예수 믿는 사람들을 상상 못할 정도로 심하게 핍박하고 비참하게 죽인 내용이 나옵니다. 그런 때에 하나님은 침묵으로 일관하셨습니다. 세상 사람들은 침묵하시는 하나님을 원망하며 비판할 수 있습니다. 하지만 우리는 영원한 하나님의 세계를 믿는 자들로서 이 땅에서의 고통과 상처가 잠깐뿐임을 알기에 미래의 천국을 바라보며 이겨낼 수 있습니다.

순종의 내적 근거

베드로는 모든 권위에 순종할 수 있는 내적 근거는 바로 새로운 영적 차원이 되시는 예수님이라고 말합니다.

"인간의 모든 제도를 주를 위하여 순종하되"_벧전 2:13.

우리는 주님을 위해 인격적으로 덜된 권위자에게도 순종할 수 있습니다. 예수님으로 인해 새로운 목표와 삶의 방향이 정해졌기 때문입니다. 이 세상에 하나님이 허락하시지 않은 권위는 없습니다. 그분이 허락하시지 않고는 우리를 다스리는 위치에 설 수 없다는 말입니다.

"각 사람은 위에 있는 권세들에게 복종하라 권세는 하나님으로부터 나지 않음이 없나니 모든 권세는 다 하나님께서 정하신 바라"_롬 13:1.

우리는 권위자와의 관계로 인해 복종하는 것이 아니라 사실은 예수 그리스도께 복종하는 것입니다. 현실적인 상황은 복종과 순종이 어렵지만, 주님의 말씀을 따를 때 우리는 순종할 수 있습니다. 그때 우리와 함께하시는 주님이 우리 인생의 역사를 바꾸어주시는 것입니다. 인간의 힘으로 불순종하고 항거하면 피가 강수처럼 흐르는 역사가 되지만, 하나님이 움직여주시면 무혈혁명이 되는 것입니다. 예를 들어 영국의 정치가인 윌리엄 윌버포스William Wilberforce는 노예제 폐지와 도덕성 회복을 위해 헌신하며 기도하고 마음을 집중함으로써 나라의 역사를 바꾸는 무혈혁명을 이루었습니다.

세상 권위에 순종하지 않으면 인간적으로 늘 충돌하고 갈등할 수밖에 없습니다. 하지만 우리의 마음과 태도를 고차원적인 곳에 두어 하나님 나라를 바라보며 하나님께 신뢰하고 맡기면 그분이 모든 것에 관여하셔서 이끌어주실 것입니다.

자유함에 이르게 하는 참순종

베드로는 순종할 수 있는 내면의 동기에 대해 이야기합니다. 참순종이 자유를 가져다준다는 것입니다.

"너희는 자유가 있으나 그 자유로 악을 가리는 데 쓰지 말고 오직 하나님의 종과 같이 하라"_벧전 2:16.

대부분의 사람들은 자유와 순종이 반대 개념이라고 생각합니다. 순종하기로 선택하면 자유를 포기한 것이고, 자유를 선택하면 누구에게도 순종할 필요가 없다고 여깁니다. 우리는 예수님의 보혈로 자유함을 얻은 존재입니다. 모든 억압과 악한 권세로부터 자유로운 자들입니다. 그러한 자유함을 불순종에 쓰지 말고 하나님의 종과 같이 행하라고 했습니다. 여기서 "하나님의 종"은 순종의 은사를 받은 사람, 순종의 역할을 하는 사람입니다. 그러니까 우리에게 주어진 영적 자유를 죄를 짓는 데 쓰지 말고 순종하는 길로 향하라는 말씀입니다. 순종하면 새로운 자유의 은혜를 받아 누리게 됩니다.

순종과 자유함의 관계를 좀 더 쉽게 이야기해보면 이렇습니다. 바이올린 연주에 재능 있는 젊은이가 세계적으로 유명한 바이올린 연주자에게 사사할 기회가 생겼습니다. 그 연주자는 젊은이가 무조건 자신의 가르침에 순종하기를 원했습니다. 젊은이는 그를 자신의 스승으로 모시고 그가 시키는 대로 무조건 순종했습니다. 스승이 짜놓은 일정에 따라 피나는 연습을 하며 지냈습니다. 친구들과 어울릴 시간도 없었습니다. 개인적인 자유 시간이라고는 밥 먹고 자는 시간밖에 없었습니다.

그렇게 수년을 지내고 나니 어느새 그는 카네기홀에 설 정도의 경지에 올랐습니다. 바이올린 연주에 한해서는 자유함을 맛보게 된 것입니다. 물론 그가 희생하고 포기한 것들의 가치를 하찮게 볼 수는 없지만, 어떤 영역이든 진정한 자유함의 경지에 오르려면 순종의 훈련 과정이 필요합니다.

피아노계의 성자인 세르게이 라흐마니노프Sergei Vasilyevich Rachmaninoff는 스승 츠베레프Nikolay Zverev를 만나서 매일 아침 6시부터 연습했습니다. 수영왕 마이클 펠프스Michael Phelps는 11세 때 밥 바우먼Bob Bowman이라는 코치를 만나 5년간 하루도 쉬지 않고 지독히 연습해서 물에서는 완전히 자유한 사람이 되었습니다. 그리고 올림픽에서 8개의 금메달을 따는 쾌거를 이루었습니다.

우리 또한 주님이 요구하시는 순종 훈련을 통해 영적으로 자유한 경지에 올라야 합니다. 순종함으로써 하나님이 우리 삶에 자유롭게 역사하실 수 있는 기회를 만들어야 하는 것입니다. 우리에게 주어지는 자유는 우리가 마음대로 할 수 있는 것이 아닙니다. 그 자유를 개인적인 욕심에 활용한다면 죄를 짓는 일이 될 것입니다. 어떤 사람은 그리스도인이 이 땅의 율법 체계에 매이지 않는 존재라고 착각하는데, 이럴 경우 영적인 무정부 상태가 될 위험이 있습니다.

마르틴 루터는 그리스도인에 대해 모든 만물 위에 자유로운 주인이며, 어느 곳에도 매이지 않는다고 말했습니다. 그러나 이 말의 깊은 뜻은 우리에게 주어진 참자유는 내가 세상의 중심인 것처럼 멋대로 하는 자유가 아니라 하나님께 순종하는 자유라는 것입니다. 우리는 하나님께 순종하듯이 모든 사람들을 섬길 의무가 있는 하나님의 종입니다.

우리의 신념과 사상이 하나님께 순종하는 마음보다 앞서서는 안 됩니다. 나와 생각이 다른 사람을 만나도 하나님이 주관하심을 믿고 순종하는 마음이 필요합니다. 바다에서 폭풍이 몰아칠 때 파도에 휩쓸리지 않기 위해 선원이 돛대에 자신의 몸을 묶어 고정하듯 순종은 우리의 몸을 하나님께 묶는 것입니다. 하나님께 자신을 묶는 것, 이것이 순종의 핵심입니다.

네 가지 순종

순종에는 여러 가지가 있는데, 베드로가 이야기한 것은 네 가지 측면의 순종입니다.

"뭇사람을 공경하며 형제를 사랑하며 하나님을 두려워하며 왕을 존대하라"
_벧전 2:17.

첫째, 순종은 뭇사람을 공경하는 것입니다. 베드로가 살던 당시에는 노예들이 많았는데, 그들은 사람이 아닌 짐승 취급을 받았습니다. 그런데 그들을 포함하여 모든 이들이 하나님의 형상대로 지음을 받았기 때문에 공경받을 만합니다. 우리는 사람을 차별하지 않고 모두에게 순종해야 합니다.

둘째, 순종은 형제를 사랑하는 것입니다. 그리스도인들끼리 서로 사랑하라는 뜻입니다. 우리가 서로 믿고 사랑해야 세상 사람들이 우리로 인해 은혜를 받을 것입니다.

셋째, 순종은 하나님을 두려워하는 것입니다. 이 말은 경외하라는 뜻입니다. 하나님을 두려워하고 경외하는 것은 순종의 다른 형태입니다. 헬라어 원어로 보면 어떤 경우라 할지라도 하나님을 두려워하고 공경하라는 의미를 담고 있습니다.

넷째, 순종은 왕을 높이는 것입니다. 비록 왕이 마음에 들지 않더라도 왕을 존중하라는 말입니다. 이것은 어떤 면에서 복음주의 시민 원칙이라 할 수 있습니다. 요즘처럼 세상 권위가 땅에 추락한 때가 없습니다. 권위자가 보는 앞에서는 복종하지만 그들이 없는 곳에서는, 대통령이나 직장 상사를 가리지 않고 험담과 악의적 비평의 대상으로 삼습니다. 하지만 우리는 그러면 안 됩니다. 우리는 그 권위가 어디서 나오는지 압니다. 우리의 순종은 권위를 가진 그 사람이 아니라 그 권위를 부여하신 하나님께 대한 순종입니다.

권위에 순종해야 하는 이유

이 세상에는 부당하고 악한 권위들이 참 많습니다. 그들 밑에서 복종하며 사는 것이 과연 옳은 것인가에 대한 갈등도 생깁니다. 하지만 하나님은 그러한 권위에도 순종해야 하는 이유를 말씀하십니다.

첫째, 모든 권위 구조는 하나님이 세우신 것이기 때문입니다. 이 세상에 하나님이 세우시지 않은 권위는 없습니다. 우리는 권위자 밑에 있을 수도 있고, 권위자의 위치에 있을 수도 있습니다. 이런 복합적인 상황에서 사람의 권위가 하나님이 세우신 것임을 안다면 권위의 특권과 책임에 대한 인식을 새롭게 할 수 있을 것입니다.

둘째, 하나님이 우리를 순종의 자리에 두시는 것에는 반드시 이유가 있기 때문입니다. 여기에는 하나님의 주권적 은혜가 개입되어 있습니다. 그러므로 하나님의 주권적 섭리와 순종에 관한 거룩한 역학 관계를 이해해야 합니다. 우리가 누리는 현재의 삶은 하나님의 주권적 은혜로 인한 것입니다. 그것을 안다면 순종의 깊이가 달라질 수밖에 없습니다. 이 순종의 가치를 깨달을 때까지 하나님은 우리를 끊임없이 불편한 상황에 두시고, 우리를 다듬어 성숙시키실 것입니다.

우리는 순종의 주류에 서야 합니다. 불의한 권위 앞에서 고통스러울 때는 기도로 버텨야 합니다. 참으로 순종하기 힘든 대상을 만났을 때 중요한 것은 우리의 마음입니다. 다니엘의 세 친구인 사드락과 메삭과 아벳느고는 신상에 절하지 않으면 풀무불에 던지겠다는 불의한 명령이 내려졌을 때 그 명령을 내린 왕을 존중하며 "왕이여!"라고 불렀습니다. 그리고 풀무불에 들어감으로 말미암아 왕의 권위에 복종하면서도 믿음을 지켰습니다. 그때 하나님은 풀무불 가운데서도 타지 않고 살아나도록 기적을 베풀어주셨습니다.

권위에 복종한 인물로 다윗을 이야기하지 않을 수 없습니다. 두 번이나 사울 왕을 죽일 기회가 있었지만, 그는 죽이지 않았습니다. 사울 왕을 세운 분이 하나님이시며, 하나님이 그를 의롭게 심판하실 줄 믿었기 때문입니다. 다윗은 사울의 권위에 복종하는 것이 사울에게 왕의 권위를 주신 하나님께 순종하는 것임을 알았습니다.

순종의 특권

하나님은 우리 삶의 미세한 영역까지 다스리시는 분입니다. 우리가 처한 억압과 고통의 상황 역시 하나님이 허락하신 부분입니다. 그럼에도 불구하고 우리는 미래에 올 하나님 나라를 믿기에 그것에 대한 설렘과 기대로 하나님 나라를 준비합니다. 이 모든 것에 우리의 순종이 적용됩니다.

결국 순종은 다른 사람에게 하는 것이 아닙니다. 순종은 하나님과 나의 영적 관계에서 시작됩니다. 예수 그리스도를 바라보십시오. 그분은 가장 온전한 순종을 보이신 분입니다. 예수님은 갖은 모욕을 당하셨지만 친절함을 멈추지 않으셨습니다. 그분께 죄를 범한 자들이 많았지만 그들을 벌로 다스리지 않으셨습니다. 또한 수치를 당해도 화를 내지 않으셨습니다. 대신에 예수님은 하늘에 계신 하나님 아버지께 자신의 영혼을 의탁하셨습니다. 예수님의 순종은 십자가를 지기까지의 순종이었습니다. 그리고 그 순종을 통해 온 세상 사람들을 구원하셨습니다.

우리는 순종을 통해 십자가를 경험합니다. 예수님 때문에 순종할 때 하나님은 우리를 고차원적인 왕의 위치에 올려놓으실 것입니다. 이것이 믿음입니다.

베드로는 주의 발자취를 따르라고 말합니다. 주님의 십자가의 발자취를 따르며 순종하면 우리가 행할 길이 환하게 보일 것입니다. 이것이 순종의 특권입니다.

기도 • PRAYER

하나님 아버지, 우리가 주님 앞에서 순종하는 자들이 되게 해주옵소서. 세상의 권위에 순종하되 그것이 주님께 하는 것임을 잊지 않게 해주옵소서. 그리하여 이 시대를 하나님의 사람답게 섬기는 신실한 종들이 되기를 원합니다. 예수 그리스도의 십자가를 기억하며, 그분의 참된 순종의 삶을 배우며, 진정한 순종의 길을 걷게 하옵소서. 예수 그리스도의 이름으로 기도드립니다. 아멘.

베드로전서 2:18-25

¹⁸사환들아 범사에 두려워함으로 주인들에게 순종하되 선하고 관용하는 자들에게만 아니라 또한 까다로운 자들에게도 그리하라 ¹⁹부당하게 고난을 받아도 하나님을 생각함으로 슬픔을 참으면 이는 아름다우나 ²⁰죄가 있어 매를 맞고 참으면 무슨 칭찬이 있으리요 그러나 선을 행함으로 고난을 받고 참으면 이는 하나님 앞에 아름다우니라 ²¹이를 위하여 너희가 부르심을 받았으니 그리스도도 너희를 위하여 고난을 받으사 너희에게 본을 끼쳐 그 자취를 따라오게 하려 하셨느니라 ²²그는 죄를 범하지 아니하시고 그 입에 거짓도 없으시며 ²³욕을 당하시되 맞대어 욕하지 아니하시고 고난을 당하시되 위협하지 아니하시고 오직 공의로 심판하시는 이에게 부탁하시며 ²⁴친히 나무에 달려 그 몸으로 우리 죄를 담당하셨으니 이는 우리로 죄에 대하여 죽고 의에 대하여 살게 하려 하심이라 그가 채찍에 맞음으로 너희는 나음을 얻었나니 ²⁵너희가 전에는 양과 같이 길을 잃었더니 이제는 너희 영혼의 목자와 감독 되신 이에게 돌아왔느니라

1 PETER

10장

영적 성숙에
이르게 하는 고통

"하나님은 우리 삶에 고통과 고난을 허락하셔서
우리를 성숙의 길로 이끄십니다."

고난의 학교를 거쳐 성숙의 길로

하나님은 우리의 외적 행복보다는 내면의 성숙에 더 큰 관심을 갖고 계십니다. 내면의 성숙은 다른 말로 하면 영혼의 건강입니다. 영혼이 건강하고 성숙해지기 위한 방법으로 두 가지가 있습니다. 하나는 좋은 스승이나 멘토를 만나 훈련받는 것입니다. 또 하나는 고통과 고난의 학교를 거치는 것입니다.

"사람은 고생을 위하여 났으니 불꽃이 위로 날아가는 것 같으니라"_욥 5:7.

하나님은 우리 삶에 고통과 고난을 허락하셔서 우리를 성숙의 길로 이끄십니다. 그런데 쓰나미처럼 갑자기 밀려오는 고통을 이겨내기란 쉽지 않습니다. 그럼에도 고통의 불꽃 속에서 자신의 삶 전체를 불태우는 사람들이 있습니다. 오히려 그들은 고통 중에 있는 것을 행복해합니다.

살다 보면 배신, 거짓말, 중상모략, 험담, 헛소문, 폭력, 속임수, 불공정한 대우, 망신, 조롱, 협박, 뒷담화, 가십, 왕따, 공공연한 비난과 욕설 등 의도하지 않은 수많은 어려움을 당할 수 있습니다. 그러나 이런 고통이 우리를 성숙시킵니다. 만약 고통을 피해 다니기만 하면 우리는 평생 동안 어린아이와 같은 미성숙함에 머무르게 될 것입니다. 시인 로버트 브라우닝 해밀턴 Robert Browning Hamilton 은 다음과 같은 시를 썼습니다.

나는 기쁨과 함께 일 마일을 걸었네
그녀는 내내 이야기를 재잘댔네
하지만 나는 조금도 더 지혜로워지지 않았네
그 모든 말을 다 듣고 나서도.

나는 슬픔과 일 마일을 걸었네
그녀는 한마디도 하지 않았네
하지만 아, 나는 그녀에게서 많은 것을 배웠네
슬픔이 나와 동행했을 때.

기쁨은 아무것도 남는 것이 없는데, 슬픔은 우리에게 무언가를 남겨줍니다. 그것은 바로 성숙입니다. 고故 장영희 교수는 "하나님은 다시 일어서는 법을 가르치기 위해 그분의 자녀를 넘어뜨리실 때가 있다"고 했습니다. 성숙하기 위해서는 가끔은 넘어져서 고통을 당해야 한다는 것입니다.

성경이 말하는 고통

성경은 고통에 대한 세 가지 시각에 대해 이야기합니다.

첫째, 뚜렷한 이유 없이 당하는 고통입니다. 우리의 머리로는 이해가 안 되는 고통입니다. 부지불식간에 고통이 우리를 덮치는 상황은 항상 힘들고 도무지 익숙해지지 않습니다. 예일대학교 신학부 교수인 니콜라스 월터스토프Nicholas Wolterstorff는 자신의 아들이 등반 사고로 목숨을 잃자 안타깝고 슬픈 심정을 이렇게 토로했습니다.

"나는 이 깊고도 괴로운 일이 내게 일어난 이유를 설명할 길이 없다. 나는 그 아이가 산에서 실족해서 추락해 죽는 그 순간에 하나님이 왜 보고만 계셨는지 이해가 안 된다. 그 순간에 왜 하나님은 보고만 계셨을까? 아들이 산에서 추락해 죽는 것을 아무도 원하지 않았을 텐데, 왜 그렇게 되었을까?"

착하고 성실하게 살던 아들이 갑작스러운 사고로 세상을 뜬다면, 어느 부모든지 하나님이 원망스러울 것입니다. 이유 없이 당하는 고통의 상처는 분노와 슬픔으로 뒤범벅되어 쉽게 낫지 않습니다.

둘째, 우리의 잘못 때문에 겪는 고통입니다. 우리는 살면서 크고 작은 잘못을 저지릅니다. 그렇게 되면 의도했든 의도하지 않았든 다른 이들을 괴로운 상황에 빠뜨립니다. 어떤 경우에는 남을 일부러 속이고, 도둑질하고, 죽이기까지 합니다. 그로 인해 감옥에 들어가 죗값을 치릅니다. 그 고통은 마땅히 받아야 할 고통입니다.

셋째, 부당하게 받는 고통입니다. 즉, '애매하게 고난을 받는다'는 말입니다. 나 자신은 바르게, 열심히 살았음에도 불구하고 어려움을 겪는 경우입니다. 베드로는 이런 고통을 경험했습니다. 사도행전 3-5장을 보면 성령이 임한 베드로가 초대 교회의 신실한 수석 사도가 되어 주님을 섬긴 것을 알 수 있습니다. 그는 수많은 영혼들을 구원하며 생활이 어려운 과부나 고아 들을 섬기는 헌신의 삶을 살았습니다. 그런 베드로에게 돌아온 것은 고문과 감옥 생활이었습니다. 불의한 자들의 폭력 앞에서 베드로가 당한 고난은 말도 못했습니다.

우리는 이러한 고통과 고난 앞에서 어떻게 반응해야 할까요?

"부당하게 고난을 받아도 하나님을 생각함으로 슬픔을 참으면 이는 아름다우나 … 선을 행함으로 고난을 받고 참으면 이는 하나님 앞에 아름다우니라"
_벧전 2:19-20.

부당한 고난 앞에서도 하나님을 생각하면 슬픔과 고통을 참을 수 있고, 그것은 곧 아름답다고 했습니다. 여기서 '아름답다'는 말은 은혜가 된다는 말입니다. 이것은 하나님의 미학입니다. 우리가 위협을 당하거나 억울한 고통에 처할 때 불평으로 일관하지 않고 믿음으로 굳건히 선다면 그것은 하나님의 참된 은혜가 됩니다. 우리가 누명을 썼을 때 보복하지 않는다면 은혜가 되고, 우리가 감당하기 힘든 어려움 앞에서도 주님을 생각하며 참는다면 은혜가 됩니다. 강력한 믿음의 차원이기 때문입니다.

우리 모두가 하나님의 아름다움에 참여하기를 원합니다. 진짜 강력한 은혜가 무엇인지 체험하기를 바랍니다.

나의 고통은 하나님의 고통

베드로의 말은 특별히 사환들을 향한 것이었습니다. 초대 교회 때 회심하는 대부분의 사람들은 노예였습니다. 그 당시 노예는 살아 있는 도구에 불과했습니다. 예수 믿고 회심한 노예들이라 할지라도 삶 자체는 긴장과 갈등의 연속이었습니다. 예수님의 보혈로 자유함을 얻었지만 현실적으로는 여전히 노예 신분이었으며, 주인의 학대 때문에 갈등의 골은 더 깊어졌습니다. 대부분의 경우 주인의 말에 복종하며, 억울하고 부당한 고통 가운데서도 아무 말도 하지 못한 채 살아야 했습니다.

이러한 노예들에게 베드로는 고난을 받을 때에 하나님을 생각함으로 슬픔을 참는 이는 아름답다고 말합니다. 무작정 참는 것이 아니라 하나님이 순간순간 함께하셔서 이 고통을 지나가게 하신다는 것입니다. 이는 살아 있는 진실된 말입니다. 그리고 이 말은 노예 신분의 성도들에게 희망이 되었을 것입니다.

하나님의 은혜에 눈뜬 사람은 신앙의 새로운 경지에 올라가고, 강력한 하나님의 은혜를 누리는 주인공이 될 수 있습니다.

만약 고통의 순간에 하나님을 생각하지 못한다면 우리는 매일 낙심할 것이며, 다른 사람을 원망하고 비난할 것입니다. 또한 나쁜 방향으로 나아가 비관에 빠지며 복수심에 불타오를지 모릅니다. 그렇게 되면 인생은 악순환에 들어섭니다. 세상 사람들과 다를 바가 없습니다. 우리는 하나님이 함께하신다는 마음으로 어떤 고통이든 넘어서고, 쓴 마음을 품지 않아야 합니다. 그러면 분노의 사슬에서 풀려나고, 내면의 자유를 누리게 될 것입니다. 내가 겪는 고통을 하나님도 함께 겪고 계심을 깨닫게 되면 큰 은혜의 썰물이 밀려올 것입니다.

앞서 언급한 니콜라스 월터스토프는 어느 순간 아들을 잃은 자신의 고통을 하나님도 같이 겪으시며 아파하신다는 사실을 깨달았습니다. 그의 고백을 들어보겠습니다.

"나를 굽어보시는 분은 어떤 분일까? 검은 구름이 하나님의 얼굴을 가리고 있다. 그리고 천천히 구름이 걷힌다. 거기서 내가 본 것은 눈물을 흘리며 아파하는 하나님이셨다. 나는 물론 인생의 해답을 푸는 열쇠가 하나님의 사랑이라는 것을 알고 있다. 그러나 그 열쇠가 되는 하나님의 사랑이 바로 고통의 사랑임을 깨닫지 못하고 있었다. 그러나 아들을 통하여 내가 고통당할 때 하나님도 함께 고통당하시는 것이 나를 향한 하나님의 사랑임을 깨닫게 되었다."

다른 종교는 고통의 문제에 있어서 신神과 피조물이 떨어져 있습니다. 그런데 기독교는 다릅니다. 우리의 하나님은 피조물인 인간의 고통에 함께하십니다. 우리가 고통을 겪고 있을 때, 하나님은 우리의 고난에 동참하십니다. 예수님은 지난 수천 년 동안 우리와 함께 고통을 나누어 가지셨습니다. 이것이 복음의 신비입니다.

"그들의 모든 환난에 동참하사"_사 63:9.

우리의 고통에 동참하시는 하나님의 마음은 부서질 정도로 아프십니다. 그 같은 하나님의 마음을 알게 될 때 우리는 영적으로 한 단계 성숙해질 수 있습니다. 나의 주장을 내세우지 않고 하나님께 순종하고자 하는 마음이 생기는 것입니다.

하나님의 고통 감내법

"이를 위하여 너희가 부르심을 받았으니 그리스도도 너희를 위하여 고난을 받으사 너희에게 본을 끼쳐 그 자취를 따라오게 하려 하셨느니라 그는 죄를 범하지 아니하시고 그 입에 거짓도 없으시며 욕을 당하시되 맞대어 욕하지 아니하시고 고난을 당하시되 위협하지 아니하시고 오직 공의로 심판하시는 이에게 부탁하시며 친히 나무에 달려 그 몸으로 우리 죄를 담당하셨으니 이는 우리로 죄에 대하여 죽고 의에 대하여 살게 하려 하심이라 그가 채찍에 맞음으로 너희는 나음을 얻었나니 너희가 전에는 양과 같이 길을 잃었더니 이제는 너희 영혼의 목자와 감독 되신 이에게 돌아왔느니라"_벧전 2:21-25.

우리는 주님의 발자취를 따라야 하는 존재입니다. 바로 고난당하시는 발자취입니다. 예수님은 죄가 없음에도 불구하고 고통을 당하셨습니다. 인간적으로 생각하면 매우 억울한 상황이지만, 예수님은 모든 것을 감내하셨습니다.

우리는 그런 예수님을 100퍼센트 따라갈 수는 없습니다. 불의한 고통을 거뜬히 참아낼 수 있는 사람은 이 세상에 많지 않을 것입니다. 그러나 인생에서 아름답고 튼실한 열매를 풍성히 맺으려면 가지치기의 고통을 감내해야 합니다. 우리는 참 포도나무이신 예수님께 붙은 가지 같은 존재입니다. 가지에 상처를 내어 가지치기를 하면 열매다운 열매를 맺을 수 있습니다. 가지치기는 최소한의 상처로 최대한의 잠재 능력을 뽑아내는 방법입니다. 우리 삶의 곁가지들이 고난을 통해 쳐내어질 때마다 주님이 원하시는 풍성한 열매를 맺게 될 것입니다.

"욕을 당하시되 맞대어 욕하지 아니하시고 고난을 당하시되 위협하지 아니하시고 오직 공의로 심판하시는 이에게 부탁하시며"_벧전 2:23.

주님은 묵묵함으로 고통에 임하셨습니다. 십자가에 달려 돌아가시면서도 채찍질하는 로마 병사들에게 원망이나 위협의 말 따위는 하지 않으셨습니다. 마치 도수장에 끌려가는 어린 양처럼 묵묵히 고난을 감당하셨습니다 사 53:7.

이것은 자포자기하는 마음으로 고통을 대하라는 뜻이 아닙니다. 지혜롭게 처신하면서도 심지 굳게 고난의 짐을 짊어져야 하는 것입니다. 이는 하나님이 언젠가 공의로 심판하실 것을 알기 때문입니다.

고난 끝에 임하는 은혜

고난당했을 때 우리가 반드시 기억해야 하는 사실이 있습니다.

첫째, 내가 당하는 고통은 내가 당하는 것이 아니라 하나님이 당하시는 것입니다. 내가 겪는 문제는 곧 하나님의 문제가 됩니다. 그러므로 하나님이 그 문제를 해결해주시고 심판해주실 것입니다.

둘째, 우리가 당하는 현재의 고통은 영원한 것과 연결되어 있습니다. 이 고통은 현재 상태에서 그냥 끝나는 것이 아니라 장차 우리에게 나타날 영원한 영광이 됩니다.

이 두 가지 사실을 기억한다면 우리는 성숙하고 아름답고 강력한 은혜의 차원에 임하게 될 것입니다.

예수님은 친히 나무에 달려 우리 죄를 담당하심으로 우리의 죗값을 모두 지불해주셨습니다. 주님이 우리 죄를 사해주신 것은 축복 그 자체입니다. 예수님은 채찍에 맞으심으로 우리에게 나음을 입도록 해주셨습니다. 우리에게 새 생명을 주실 뿐만 아니라 우리의 삶을 고쳐주신 것입니다. 그리고 그 은혜로 복음의 비밀이 펼쳐지면서 우리 영혼이 목자와 감독 되시는 하나님께 돌아갔습니다.

우리가 원하는 모든 것, 우리에게 필요한 모든 것이 복음의 비밀과 그리스도의 십자가 안에 전부 들어가 있다는 사실을 믿어야 합니다. 이러한 사실은 우리를 감격하게 만듭니다.

주님은 복수와 앙갚음을 얼마든지 하실 수 있는 능력을 가지고 계시지만, 우리의 구원을 위해 그렇게 하지 않으셨습니다. 우리도 주님을 따라 공의로 심판하시는 그분을 생각하며 복수와 앙갚음을 하고 싶은 마음을 내려놓고 고통을 참을 수 있어야 합니다.

영적으로 성숙하게 만드는 고난은 우리로 하여금 올바른 길을 가게 합니다. 정신을 바짝 차리고 하나님이 보여주시는 길에 집중할 수 있도록 하는 것입니다. 고통을 통해 인생의 누수가 없게 하시는 하나님을 기억하십시오.

"형통한 날에는 기뻐하고 곤고한 날에는 되돌아보아라"_전 7:14.

인생의 고통은 왜곡된 삶을 교정하고 돌아보게 하며, 반성할 기회를

줍니다. 고통을 통한 깊은 성찰은 우리를 하나님이 원하시는 그릇으로 빚어줍니다. 가난과 아픔으로 신음하는 북한을 바라볼 때 그 고통의 끝이 언제일지 막막해질 때가 있습니다. 하지만 분명한 것은 하나님은 그들의 신음 소리를 들으신다는 것입니다.

"선지자들과 성도들과 및 땅 위에서 죽임을 당한 모든 자의 피가 그 성 중에서 발견되었느니라 하더라"_계 18:24.

결국은 고난당하는 북한 성도들을 통해 하나님의 큰 역사가 나타나며 세계 선교가 마무리될지 모릅니다. 우리 모두가 이유 없는 고난과 어려움과 신음 가운데서도 하나님의 아름다움에 참여할 수 있기를 바랍니다. 강력한 은혜를 경험하는 주인공이 되기를 원합니다.

기도 ● PRAYER

하나님 아버지, 고통을 통해 하나님의 미학과 아름다움을 체험하게 하시니 감사합니다. 은혜의 높은 차원에 이르러 영적으로 성숙하고 영혼이 건강한 그리스도인이 되게 해주옵소서. 우리가 고통 가운데 처할 때 우리의 문제가 더 이상 개인적인 문제가 아니라 하나님의 문제임을 고백하게 하시고, 현재가 아니라 영원과 맞닿아 있음을 깨닫게 하옵소서. 우리 모두가 복음의 비밀을 경험하는 신실한 하나님의 종이 되게 하옵소서. 예수 그리스도의 이름으로 기도드립니다. 아멘.

"내가 겪는 고통을 하나님도 함께 겪고 계심을 깨닫게 되면
큰 은혜의 썰물이 밀려올 것입니다."

요동치는 세상에서
믿음의 중심 잡기

베드로전서 3:1-7

¹아내들아 이와 같이 자기 남편에게 순종하라 이는 혹 말씀을 순종하지 않는 자라도 말로 말미암지 않고 그 아내의 행실로 말미암아 구원을 받게 하려 함이니 ²너희의 두려워하며 정결한 행실을 봄이라 ³너희의 단장은 머리를 꾸미고 금을 차고 아름다운 옷을 입는 외모로 하지 말고 ⁴오직 마음에 숨은 사람을 온유하고 안정한 심령의 썩지 아니할 것으로 하라 이는 하나님 앞에 값진 것이니라 ⁵전에 하나님께 소망을 두었던 거룩한 부녀들도 이와 같이 자기 남편에게 순종함으로 자기를 단장하였나니 ⁶사라가 아브라함을 주라 칭하여 순종한 것같이 너희는 선을 행하고 아무 두려운 일에도 놀라지 아니하면 그의 딸이 된 것이니라 ⁷남편들아 이와 같이 지식을 따라 너희 아내와 동거하고 그를 더 연약한 그릇이요 또 생명의 은혜를 함께 이어받을 자로 알아 귀히 여기라 이는 너희 기도가 막히지 아니하게 하려 함이라

1 PETER

11장

하나님 앞에
아름다운 부부

"힘들고 어려울 때마다 부부가 손을 꼭 잡고 기도하면 하나님은 문제를 뛰어넘는
영적 결속을 주실 것입니다. 영적 은혜가 흘러넘치게 하실 것입니다."

내면의 아름다움에 대한 시각들

세계적인 선교학자 폴 히버트Paul Heibert는 사람마다 내면의 양심에 자극을 받는 코드가 다르다고 했습니다. 미국 사람들은 어릴 때부터 정직을 중요시하며 철저히 교육합니다. 동남아 사람들은 자기 분노를 절제하는 것을 중요하게 생각하고 어릴 때부터 교육시킵니다. 그리고 우리나라 사람들은 예로부터 유교의 영향을 받아서 충효를 중요하게 가르칩니다. 그렇다면 성경은 어떠한 내면에 대해 이야기하고 있습니까?

"믿지 아니하는 남편이 아내로 말미암아 거룩하게 되고"_고전 7:14.

아내가 내면의 아름다움을 제대로 지켜내면 믿지 않는 남편이 주님께

로 돌아온다고 합니다.

하지만 21세기를 살아가는 우리는 내면의 아름다움을 중요시하면서도 외모에 먼저 치중하는 경향을 보입니다. 성형수술이 성행하고, 모든 가치를 겉모습에 두는 외모 지상주의가 판을 칩니다. 성형으로 자신의 겉모습을 바꿔 새로운 삶을 살고자 하는 사람들도 많습니다. 그래서 이제는 학벌, 족벌보다 미벌美閥이 중요한 시대가 되었습니다.

이에 반해 성경은 외모보다 내면의 아름다움이 중요하다고 강조합니다. 내면의 아름다움을 통해 하나님의 은혜가 임하기 때문입니다. 베드로전서 3장 1-6절까지는 아내들을 향한 이야기이고, 7절은 남편들을 향한 이야기인데, 아내들에게 하는 말씀은 내면의 아름다움에 대한 것입니다. 그렇다면 내면의 아름다움이란 무엇이고 어떤 힘이 있을까요?

첫째, 내면의 아름다움은 구원의 역사를 일으킵니다. 베드로는 불신 남편이 주님 앞에 돌아올 수 있다는 것을 예로 들며 이 사실을 강조합니다.

"아내들아 이와 같이 자기 남편에게 순종하라 이는 혹 말씀을 순종하지 않는 자라도 말로 말미암지 않고 그 아내의 행실로 말미암아 구원을 받게 하려 함이니"_벧전 3:1.

9장에서 말한 '모든 권위에 순종하라'는 것과 여기서의 순종은 같은 의미입니다. 아내가 남편에 비해 인격이나 능력이 떨어지기 때문에 순종하라는 것이 아닙니다. 이는 높고 낮음의 문제가 아니라 역할의 문제입니다. 한 가정과 교회가 질서 있고 은혜롭게 서기 위해서는 각자의 역할에 충실해야 할 필요가 있습니다. 하나님이 맡기신 역할에 순종함으로 질서를 만들어나가는 것이 바로 내면의 아름다움이라 할 수 있습니다.

베드로는 혹여 남편에게 믿음이 없다 해도 그에게 순종하라고 말합니다. 그러면 아내의 행실로 남편이 구원을 얻게 될 것이라고 이야기합니다. 즉, 순종으로 내면의 아름다움이 가꾸어지면서 자연스럽게 복음을 전하는 도구가 되는 것입니다.

초대 교회 시절에는 남성보다 여성이 영적으로 더 민감하고 갈급하여 복음을 더 많이 받아들였습니다. 그러한 성향은 현재도 다르지 않은 것 같습니다. 보통 아내가 먼저 예수님을 믿고 남편을 전도합니다. 남편은 신앙을 갖게 되면서 변화된 아내를 보며 기독교에 관심을 갖습니다. 이때 남편을 더욱 움직이는 것은 예수를 믿으라는 강요가 아니라 내면의 아름다움이 묻어나는 행실입니다.

"너희의 두려워하며 정결한 행실을 봄이라"_벧전 3:2.

"두려워하며"라는 말씀은 하나님을 경외한다는 의미입니다. 아내가 하나님의 영광을 바라보고, 하나님의 통치를 기대하며, 주님의 주권과 임재를 사모하는 경외함을 간직하고 소원하면서 정결한 행실을 보여줄 때 남편이 주님께로 돌아오게 되는 것입니다.

둘째, 내면의 아름다움은 마음의 단장으로 가꾸어집니다.

"너희의 단장은 머리를 꾸미고 금을 차고 아름다운 옷을 입는 외모로 하지 말고 오직 마음에 숨은 사람을 온유하고 안정한 심령의 썩지 아니할 것으로 하라"_벧전 3:3-4.

"마음에 숨은 사람"이란 내면의 인격을 말합니다. 그렇다고 외모를 완전히 무시하라는 것은 아닙니다. 마음을 단장하는 사람은 외모도 단정히 할 줄 압니다. 그러나 어느 때든 마음을 온유하게 갖는 것이 더 중요합니다. 이에 대해서는 사도 바울 또한 예수 믿는 아내는 자신의 내면의 아름다움과 영적 가치와 마음에 숨은 사람을 높이고 성숙하게 하는 데 전력을 다해야 한다는 뜻으로 이런 말을 했습니다.

"또 이와 같이 여자들도 단정하게 옷을 입으며 소박함과 정절로써 자기를 단장하고 땋은 머리와 금이나 진주나 값진 옷으로 하지 말고 오직 선행으로 하기를 원하노라 이것이 하나님을 경외한다 하는 자들에게 마땅한 것이니라"_딤전 2:9-10.

마음을 단장하는 일이 중요한 이유는 심령을 썩지 않게 하기 때문입니다. 세상의 모든 일은 썩어 없어지지만, 마음을 단장하는 것은 썩지 않아서 주님 앞에까지 갈 수 있습니다. 그러므로 단장한 우리의 내면은 천국까지 가는 것입니다. 썩지 않는 아름다움이란 유행을 타지 않는 아름다움입니다. 목재 건축의 무형 문화재인 한 대목장大木匠은 금강송 혹은 적송의 결, 나무의 결이 보여주는 청아함은 미인의 얼굴보다 더 도취되는 아름다움의 정수라고 말했습니다. 촘촘하게 새겨진 나이테에서 기나긴 세월의 풍상을 견디며 자신을 지킨 나무의 아름다움을 본 것입니다.

내면의 아름다움은 성령의 열매와 통하는 부분이 있습니다. 사랑, 희락, 화평, 오래 참음, 자비, 양선, 충성, 온유, 절제 등이 차곡차곡 쌓일수록 우리의 내면은 기품이 생기고 아름다워질 것입니다. 외적인 얼굴은 주름이 생기고 늙어간다 할지라도 내면의 빛은 더 찬란하게 빛날 것입니다. 내면이 온유하고 안정된 심령은 갈수록 더욱 빛을 발합니다.

"오직 마음에 숨은 사람을 온유하고 안정한 심령의 썩지 아니할 것으로 하라"

_벧전 3:4.

'온유'라는 말은 자기 힘을 하나님의 통제 아래 둔다는 뜻입니다. 내 눈과 입이 하나님의 통제 아래 있고, 나의 행동과 인간관계가 하나님의 통제 아래 있으면 나의 내면에는 온유의 결이 생기면서 아름다운 빛을 발합니다. 이런 내면의 결을 가꾼 사람들은 안정한 심령을 가지고 있습니다.

"안정한 심령"이란 고요하고, 요동하지 않고, 바람 한 점 없는 호수의 잔잔함처럼 평온한 심령을 말합니다. 인생의 염려와 고민 때문에 쉽게 요동하지 않는 마음인 것입니다.

남편이 집안의 머리라면, 아내는 집안의 가슴입니다. 아내가 집안의 분위기와 정서를 좌우한다는 뜻입니다. 만약 어떤 집이 조용하고 평온하다면, 그 집의 정서를 책임지는 아내의 마음이 안정되고 평안하다는 말이 됩니다. 가정이 평화롭고 안락하다면 아내의 심령이 평화롭고 안락하다는 뜻입니다. 반면에 집안이 시끄럽고 분주하고 소란스럽고 복잡하고 어지럽다면 아내의 심령 역시 시끄럽고 소란스러운 것입니다.

유명한 소설가이자 시인인 칼릴 지브란Kahlil Gibran은 아름다움에 대해

"눈으로는 볼 수 없지만 지혜로운 사람과 고귀한 영혼을 가진 사람에게서 우러나오는 것이며, 아름다운 영혼으로부터 나오는 빛"이라고 정의했습니다. 진정한 아름다움은 눈을 감아도 가슴으로 느껴집니다. 마음 깊이 차오르는 사랑과 아름다움이 자연스럽게 드러날 때 내면의 아름다움이 광채를 발하게 됩니다. 빛 되신 예수님을 품을 때 내면의 진정한 아름다움이 빛을 낼 수 있습니다.

셋째, 내면의 아름다움을 가꾸면 사라의 후예가 됩니다.

"하나님께 소망을 두었던 거룩한 부녀들"_벧전 3:5.
"사라가 아브라함을 주라 칭하여 순종한 것같이"_벧전 3:6.

구약 시대 때 사라나 리브가처럼 하나님께 소망을 둔 거룩한 부녀들은 자기 남편에게 순종함으로 자기를 단장했습니다. 사라는 아브라함을 주라 칭하며 안정한 심령을 유지했습니다. 그녀는 내면의 아름다움을 갖춘 거룩한 여인의 표상입니다. '주라 칭하다'는 말은 헬라어로 '칼루사'kalousa인데, 한 번 주라 칭한 것이 아니라 일생 동안 남편을 주라 불렀다는 뜻입니다. 초대 교회 때는 이런 내면의 아름다움을 가진 처녀들이 귀족 집안의 며느릿감에 올랐으며, 그녀들이 귀족 집안에 시집을 가서 남편을 섬기며 내면의 아름다움을 가꾸면 그 집안이 하나님께로 돌아오는 역사가 일어났습니다.

그렇다면 역사상 내면이 가장 아름다운 이는 누구일까요? 단연코 예수님이십니다.

"고운 모양도 없고 풍채도 없은즉 우리가 보기에 흠모할 만한 아름다운 것이 없도다" _사 53:2.

예수님이 십자가에 달리신 모습은 육체적으로는 고통스러워 보였습니다. 머리에는 가시관을 써서 피가 흐르고, 온몸은 상처투성이였습니다. 그러나 예수님의 내면은 영적으로 최고의 아름다움을 갖추고 계셨습니다.

우리는 예수님의 십자가 사건을 통해 죽은 영혼들이 새 생명을 얻고, 수많은 치유가 일어난 일을 알고 있습니다. 이러한 체험은 최고의 아름다움을 느끼게 합니다. 우리 모두가 순종의 십자가, 자기부인의 십자가를 묵상하면서 내면의 아름다움을 구축하고, 주님께 쓰임받는 존재가 되어야 할 것입니다. 내면의 아름다움을 가꾸기 위해 작은 일 하나하나를 성실히 한다면 십자가와 구원의 역사에 동참하게 될 것입니다.

아내를 귀히 여기는 남편

"남편들아 이와 같이 지식을 따라 너희 아내와 동거하고 그를 더 연약한 그릇이요 또 생명의 은혜를 함께 이어받을 자로 알아 귀히 여기라 이는 너희 기도가 막히지 아니하게 하려 함이라" _벧전 3:7.

이 말씀에는 남편을 향한 하나님의 명령과 그 명령에 대한 이유와 그 명령을 지켜야 하는 영적 동기가 모두 들어 있습니다.

첫째, 남편은 지식을 따라 아내와 동거해야 합니다. 이는 구체적으로 같은 방을 쓰라는 의미입니다. 즉, 부부가 떨어져 있지 말고 함께 살아야 한다는 것입니다. 서로를 존중하고 격려하는 가운데 깊은 친밀함으로 함께 살라는 뜻입니다. 특별한 이유 없이 부부가 장기간 떨어져 있으면 사탄에게 틈을 제공하게 됩니다.

그런데 "지식을 따라"라는 말씀은 어떤 의미일까요? 이는 아내에 대한 사려 깊은 태도가 필요하다는 뜻입니다. 아내가 무엇을 좋아하는지 살펴보고 연구하라는 것입니다. 아내가 육체적으로, 정서적으로 무엇이 필요한지 이해하고 배려하고 민감하게 반응하라는 것입니다. 또한 어떤 때에 아내가 기뻐하고 행복해하는지, 어떤 일에 아내가 화를 내는지 알라는 것입니다. 그냥 무턱대고 살지 말고 아내의 마음이 어떠한지, 아내의 은사와 재능이 무엇인지, 아내의 소망과 꿈이 무엇인지 자세히 살피라는 말입니다. 정말 믿는 남편이라면 아내의 재능을 알고 그 재능을 발휘하도록 도와주어야 합니다. 이것이 지식을 따라 아내와 동거하는 것입니다.

아가서 4장을 보면 아내의 뺨을 석류와 같다고 표현합니다. 하지만 아내의 내면 또한 석류와 같습니다. 석류 열매 속을 보면 크고 작은 알맹이들이 잔뜩 들어 있습니다. 여성은 남성보다 정신세계가 훨씬 복잡하고 섬세합니다. 여성의 세계는 참으로 놀랍습니다. 그렇기 때문에 지혜로운 남편은 아내의 다양한 재능을 발견하고 그것을 발전시켜 의미 있게 살 수 있도록 도와야 합니다.

둘째, 남편은 아내를 연약한 그릇 다루듯이 조심하며 존중해야 합니다. 아내가 남편보다 연약하다는 것은 성품이나 인격이나 지식이 열등하다는 것이 아니라 육체적으로 남편보다 힘이 약하다는 것입니다. 그러므로 아내는 남편의 보호를 받아야 합니다. 아내는 쉽게 상처받는 연약한 그릇과 같습니다. 이런 차원에서 아내가 남편에게 자꾸 불평하고 바가지를 긁으면 화내지 마십시오. 아내의 바가지는 연약한 아내의 그릇이 깨어지는 소리입니다. 바가지 긁는다고 맞서서 화내지 말고 아내의 연약한 마음을 알아줘야 하는 것입니다.

하나님은 하와를 아담을 돕는 배필로 지으셨습니다창 2:18. '배필'이라는 말은 다른 사람을 돕는다는 뜻입니다. 즉, 자기 자신을 위해 살지 않고 누군가를 위해 산다는 말입니다. 남편과 아내는 서로를 희생하고, 서로를 위해 살아야 합니다.

셋째, 남편은 아내를 생명의 은혜를 함께 이어받을 자로 알고 귀히 여겨야 합니다. 귀히 여긴다는 것은 아내를 존중하라는 뜻입니다. 아내의 가치를 알면 아내를 존중히 여기고 사랑하게 됩니다.

남태평양의 키니와타라는 섬에 조니 링고라는 젊은이가 살았습니다. 그 섬에는 장가를 가려면 신부가 될 여인에게 지참금으로 소를 보내는 풍습이 있었습니다. 그는 사리타라는 여인을 선택하여 결혼을 하게 됐습니다. 그런데 사리타는 그렇게 아름다운 여인이 아니었습니다. 마을 사람들은 조니 링고가 지참금으로 소 몇 마리를 보낼지 궁금해했습니다. 보통 예쁜 여자라고 생각하면 소 4마리 정도를 주는데, 조니 링고는 무려 소 8마리를 사리타에게 보냈습니다. 몇 달 뒤 결혼식을 올리게 되었고, 참석한 모든 사람들은 신부 사리타의 아름다운 미모에 놀라워했습니다. 소 8마리를 보낼 만큼 가치 있는 여인이라는 생각이 들자 사리타가 더없이 아름다워 보인 것입니다. 또한 사라타도 남편의 존중에 온 마음을 다하여 자신의 아름다움을 가꾸었을 것입니다.

남편은 아내 하기에 달렸다고 하는데, 반대로 남편이 존중하는 것에 따라 아내도 변신하고 가치 있게 빛난다는 사실을 알아야 합니다.

"아내를 얻는 자는 복을 얻고 여호와께 은총을 받는 자니라" _잠 18:22.

롯기를 보면 롯이라는 모압 여인이 나옵니다. 그녀는 결혼한 후 남편이 일찍 죽어 과부가 되었습니다. 시어머니인 나오미는 며느리 롯을 고향으로 보내려 했지만, 롯은 시어머니를 따라 이스라엘로 갑니다.

이스라엘 베들레헴에서 롯은 이방 여인에 지나지 않았습니다. 그런데 보아스가 롯을 아내로 맞아 귀히 여겼습니다. 그러한 롯이 오벳을 낳고, 오벳이 이새를 낳고, 이새가 다윗을 낳았습니다. 이방 여인 롯이 다윗의 증조할머니가 된 것입니다. 아내가 귀히 여김을 받으면 롯처럼 생명의 근원이 됩니다.

아내는 남편과 함께 생명의 은혜를 유업으로 누릴 자입니다. 생명의 은혜라는 것은 크게 보면 이 땅에서의 삶을 벗어나 영원한 생명을 누리는 천국의 삶까지 포함합니다. 그러니 천국의 삶을 바라보며 덜 싸우고 서로를 존중할 수 있어야 합니다. 또한 생명의 은혜는 하나님이 이 땅의 부부들에게 허락하신 진실함과 사랑입니다.

결혼은 하나님이 주시는 거룩한 선물입니다. 또한 결혼한 두 사람 사이의 친밀한 연합은 이 땅에 사는 사람들이 받을 수 있는 가장 큰 축복입니다. 생명의 은혜를 함께 유업으로 누리는 부부는 한 가정을 이루어 하나님께 영광을 드러내고 영원의 문을 여는 것이라 할 수 있습니다. 특히 그리스도인의 결혼은 이 땅에서 천국의 예고편을 보여주는 역할을 합니다.

로마 시대에는 남편이 아내를 존중하고 귀히 여긴다는 개념 자체가 없었습니다. 남편은 그저 아내에 대해 집안을 돌보고 아이를 키우는 존재라고 생각했습니다. 유대인들은 아내나 여자가 회당에 들어와서 예배드리는 것을 허락하지 않았습니다. 그런데 이제 가치관과 문화가 바뀌었습니다. 예수를 믿는 남편은 생명의 은혜로 결혼한 아내를 존중하고 존경하며 모든 것을 공급하고 배려하고 연합해야 합니다.

넷째, 남편은 아내를 귀히 여김으로 기도가 막히지 않게 해야 합니다. 아내를 존중하고 배려하는 것은 남편의 축복입니다. 아내에게 최선을 다하지 못하면, 하나님이 남편의 기도를 듣지 않으실지도 모릅니다.

"너희가 내 이름으로 무엇을 구하든지 내가 행하리니 이는 아버지로 하여금 아들로 말미암아 영광을 받으시게 하려 함이라 내 이름으로 무엇이든지 내게 구하면 내가 행하리라"_요 14:13-14.

우리가 주님의 이름으로 구하면 간절한 기도에 응답하시겠다고 말씀합니다. 그런데 남편이 아내에 대한 태도를 잘못함으로 기도의 축복과 특권이 막힌다면 얼마나 안타까운 일입니까? 여기서 '막힌다'는 단어는 전투 용어로, 전쟁에서 군인이 참호를 파서 적군이 더 이상 전진하지 못하도록 대로를 차단하는 행위를 말합니다. 이것은 사탄이 남편의 영적 성숙과 발전을 막는다는 의미로 해석될 수 있습니다. 남편이 아내를 존중하지 않고 귀히 여기지 않는다면, 사탄은 당장에 참호를 파고 남편의 기도가 전진하지 못하도록 막을 것입니다.

자동차는 수많은 부품 가운데서 작은 것 하나만 없어도 움직이지 않습니다. 남편의 인생 엔진은 아내를 향한 존중과 기도입니다. 남편과 아내가 진정 기도로 하나가 된다면 하나님과 연합되는 축복을 받을 것입니다.

아내와 남편의 영적 결속력

힘들고 어려울 때마다 부부가 손을 꼭 잡고 기도하면 하나님은 문제를 뛰어넘는 영적 결속을 주실 것입니다. 영적 은혜가 흘러넘치게 하실 것입니다. 우리의 한계로 신음하게 내버려두지 않으시고 영적 은혜가 흘러넘치게 하실 것입니다. 하나님은 아내가 드리는 눈물의 기도를 잘 들어주십니다. 그러므로 아내의 마음 문이 닫히면 하늘 문도 닫히게 됩니다.

이 원칙은 결혼 생활뿐 아니라 공동체 안에서의 관계에까지 적용될 수 있습니다. 우리가 어떤 일에 쓴 마음을 품거나 험담과 불친절을 일삼으면 기도의 문이 열리지 않을 것입니다. 아무리 나쁜 상황에서도 주님을 사랑하고, 형제를 사랑하고 아끼면 하나님은 놀라운 기도 응답을 주십니다.

우리가 다른 사람을 대하는 방식은 하나님이 우리의 기도에 반응하시는 방식으로 이어집니다. 아내를 존중하는 마음으로 아내의 이야기에 귀기울여준다면 하나님을 향한 기도의 문이 활짝 열릴 것입니다.

"남편들아 이와 같이 지식을 따라 너희 아내와 동거하고 그를 더 연약한 그

룻이요 또 생명의 은혜를 함께 이어받을 자로 알아 귀히 여기라 이는 너희 기도가 막히지 아니하게 하려 함이라"_벧전 3:7.

"이와 같이"라는 말은 주님의 발자취를 따라오게 하기 위해 남편들에게 이와 같은 권면을 한다는 말입니다. 남편들은 주님의 발자취를 따라가며 아내를 소중히 여기고 존중해야 합니다.

"이를 위하여 너희가 부르심을 받았으니 그리스도도 너희를 위하여 고난을 받으사 너희에게 본을 끼쳐 그 자취를 따라오게 하려 하셨느니라"_벧전 2:21.

예수님은 말도 안 되는 고통을 겪으셨지만, 되갚지 않으시고 우리의 구원을 이루셨습니다. 예수님의 십자가는 결혼의 모범이 될 뿐만 아니라 모든 그리스도인 공동체의 관계 모델이 됩니다.

기도 ● PRAYER

하나님 아버지, 주님이 허락하신 내면의 아름다움을 깨닫게 하시니 감사합니다. 우리의 겉모습도 중요하지만 그보다 더 중요한 마음을 단장함으로써 믿지 않는 남편과 가족이 구원받을 수 있도록 인도해주옵소서. 모두가 사라처럼 순종함으로써 내면의 아름다움으로 무장한 믿음의 딸들이 될 수 있기를 원합니다. 우리 내면이 자기부인의 십자가를 짊어짐으로 참된 용서와 치유와 진정한 사랑과 감사의 능력을 회복하게 해주옵소서. 하나님 나라가 말에 있지 않고 능력에 있는 것을 체득하는 귀한 하나님의 자녀로 삼아주옵소서. 예수 그리스도의 이름으로 기도드립니다. 아멘.

베드로전서 3:8-12

[8] 마지막으로 말하노니 너희가 다 마음을 같이하여 동정하며 형제를 사랑하며 불쌍히 여기며 겸손하며 [9] 악을 악으로, 욕을 욕으로 갚지 말고 도리어 복을 빌라 이를 위하여 너희가 부르심을 받았으니 이는 복을 이어받게 하려 하심이라 [10] 그러므로 생명을 사랑하고 좋은 날 보기를 원하는 자는 혀를 금하여 악한 말을 그치며 그 입술로 거짓을 말하지 말고 [11] 악에서 떠나 선을 행하고 화평을 구하며 그것을 따르라 [12] 주의 눈은 의인을 향하시고 그의 귀는 의인의 간구에 기울이시되 주의 얼굴은 악행하는 자들을 대하시느니라 하였느니라

1 PETER

12장

도리어
복을 빌라

"부당한 공격과 힘든 상황에 처했을 때 오히려 그들을 축복하고 감사하는
주님의 처방전을 사용한다면 상처받은 마음이 치유될 것입니다."

원수 된 자리에서 화목의 자리로

사람들은 수많은 인간관계 속에서 상처를 받고 어려움을 겪습니다. 특히 그리스도인들은 신앙 공동체에서 만나는 사람들과의 관계와 세상 사람들과의 관계 사이에 처해 있기 때문에 그 어려움이 더할 수 있습니다. 먼저 믿는 사람들과의 관계에 대해 살펴보겠습니다.

"마지막으로 말하노니 너희가 다 마음을 같이하여 동정하며 형제를 사랑하며 불쌍히 여기며 겸손하며 악을 악으로, 욕을 욕으로 갚지 말고 도리어 복을 빌라"_벧전 3:8-9.

"마지막으로 말하노니"라는 말에서 굉장한 무게감과 진지함이 느껴집

니다. 베드로는 형제들끼리 마음을 같이하고, 동정하고, 사랑하고, 불쌍히 여기고, 겸손하며, 악을 악으로, 욕을 욕으로 갚지 말고 도리어 복을 빌라고 말합니다. 이는 한마디로 화목하라는 뜻입니다. '화목'이라는 말은 그리스도의 능력으로 새로움을 입은 사람에게 적용되는 독특하고도 특별한 단어입니다. 사도 바울도 이렇게 말했습니다.

"곧 우리가 원수 되었을 때에 그의 아들의 죽으심으로 말미암아 하나님과 화목하게 되었은즉 화목하게 된 자로서는 더욱 그의 살아나심으로 말미암아 구원을 받을 것이니라"_롬 5:10.

본래 우리는 하나님과 원수 된 자들이었습니다. 하나님과 대척점에 있었던 것입니다. 그런데 예수 그리스도의 보혈로 하나님과 원수 된 자리에서 화목의 자리로 옮겨졌습니다. 우리는 이러한 화목의 은혜를 깨닫고 그 은혜의 축복을 누려야 합니다. 그렇다면 같은 그리스도인들끼리 화목하게 지내려면 어떻게 해야 할까요?

첫째, 마음을 같이해야 합니다. 사실 모든 일에 의견을 같이할 수는 없습니다. 각자 생각과 사고방식과 자라온 환경이 다르기 때문입니다. 초대교회 시절에는 우상에게 절한 음식을 먹어야 되는지, 먹지 말아야 되는지에 대해 의견이 분분했습니다. 오늘날의 교회들은 전통 예배와 소위 열린예배에 대한 의견이 제각각입니다. 이렇게 교회 안에서도 저마다의 생각과 의견을 내세우며 갈릴 수 있습니다. 그럼에도 불구하고 우리가 잊지 말아야 할 것은 우리 모두의 마음이 하나님 안에서 같다는 것입니다.

둘째, 동정해야 합니다. 이는 함께 고통을 나눈다는 말입니다. 남이 슬퍼하면 같이 슬퍼하고, 남이 기뻐하면 같이 기뻐하는 것입니다. 그리스도 안에 있는 사람들은 함께 기뻐하고, 함께 슬퍼할 줄 알아야 합니다. 그 감정이 무뎌져서는 안 됩니다. 늘 처음인 것처럼 다른 사람의 고통과 슬픔을 함께 나누는 일에 진심을 다해야 합니다.

셋째, 형제를 사랑해야 합니다. '형제'란 같은 어머니의 배에서 나온 사람들을 말합니다. 즉, 우리는 주님 안에서 성령님으로 말미암아 영적으로 다시 태어난 형제들입니다. 형제들은 어려움에 함께 맞섭니다. 같은 편이 되어서 함께 싸우고 대응합니다. 진정한 형제라면 결정적인 순간에 형제애를 가지고 모든 공격에 맞섭니다.

넷째, 불쌍히 여겨야 합니다. 다시 말해 긍휼히 여기는 마음을 가지라는 것입니다. '불쌍히 여긴다'는 말은 본래 헬라어로 '선하다'라는 말과 '창자, 내장'이라는 말이 합쳐진 복합어입니다. 직역하면 '좋은 창자를 가지라'는 뜻이 되는데, 이는 슬픔, 기쁨, 동정, 긍휼 등의 감정이 마음속 깊숙이 자리 잡은 것에서 기인합니다. 그러니까 좋은 창자를 가지라는 것은, 창자나 내장처럼 배 속 깊은 곳에서 터져 나오는 긍휼, 기쁨, 동정을 가지라는 뜻입니다.

다섯째, 겸손해야 합니다. 겸손이란 내 본래의 모습 그대로를 아는 것입니다. 반대말은 교만인데, 높아진 마음을 뜻합니다.

"이는 그가 우리의 체질을 아시며 우리가 단지 먼지뿐임을 기억하심이로다"
_시 103:14.

시편 말씀대로 우리는 먼지와 같은 존재입니다. 하나님이 흙으로 만드신 존재일 뿐입니다. 그러니 우리가 목이 뻣뻣해져서 교만해질 근거가 없습니다. 로마 시대는 겸손보다는 강한 힘을 내세우고 자기주장을 펼치는 것이 존경받던 시대였습니다. 예술 작품만 보아도 남성의 강한 근육을 표현하고 높이 숭배하는 문화였습니다. 그 시절은 겸손과는 맞지 않는 사상이 난무했습니다. 하지만 우리는 흙으로 빚어져서 언젠가 흙으로 돌아갈 운명이고, 그것을 생각하면 저절로 겸손해집니다.

악을 행하는 자들에 대한 대응

그렇다면 우리를 공격하고 힘들게 하는 사람들에 대해서는 어떻게 대응해야 할까요?

"악을 악으로, 욕을 욕으로 갚지 말고 도리어 복을 빌라 이를 위하여 너희가 부르심을 받았으니 이는 복을 이어받게 하려 하심이라"_벧전 3:9.

첫째, 악을 악으로, 욕을 욕으로 갚지 말아야 합니다. 우리는 당한 만큼 똑같이 갚아주고 싶은 마음이 강합니다. 초대 교회 시절 예수님을 믿는 그리스도인들은 세상적으로 갖은 모욕과 비참한 공격을 당했습니다.

심지어 기독교 개들이라는 욕을 듣기도 했습니다. 이럴 때 맞받아치고 싶은 욕구가 치솟았을지 모릅니다. 그러나 그것은 세상적인 반응인 것을 알기에 사도 베드로는 보복하지 말라고 말합니다. 육신의 본능대로 따라가지 말라고 권면한 것입니다.

세상은 우리에게 말합니다. "당하지 말고 갚아라. 밟히지 말고 밟아라." 사실 누군가 근거 없이 공격하고 심한 말로 상처를 줄 때 묵묵히 참는 것은 어려운 일입니다. 그 사람을 용서하고, 그 일을 잊어버리기가 참으로 힘듭니다. 하지만 아무리 화가 나도 되갚지 않고, 모욕하는 사람에게 보복하지 않는 것이 그리스도인의 자세입니다.

둘째, 복을 빌어야 합니다. 악한 행동과 욕에 대해서는 어떻게든 참았다고 합시다. 하지만 베드로는 그들을 위해 복을 빌라고 말합니다. 어쩌면 그는 예수님의 산상수훈을 기억하며 이야기했을지도 모릅니다.

"그러나 너희 듣는 자에게 내가 이르노니 너희 원수를 사랑하며 너희를 미워하는 자를 선대하며 너희를 저주하는 자를 위하여 축복하며 너희를 모욕하는 자를 위하여 기도하라"_눅 6:27-28.

이는 묵묵히 침묵하는 것 이상입니다. 나를 해하는 사람을 위해 복을 빌고 축복 기도를 해주는 것은 결코 쉽지 않습니다. 오히려 그가 고통당하고 벌 받기를 기도하고 싶을 것입니다. 이것이 보통 사람인 우리가 갖는 마음입니다. 그런데도 하나님은 우리에게 원수를 위해 복을 빌라고 말씀하십니다. 그 말씀을 따라 우리는 이렇게 기도할 수 있습니다.

"그가 제게 어떻게 행동하고 공격했는지 주님은 다 아십니다. 그에게 제가 얼마나 화가 났는지도 주님은 다 알고 계십니다. 정말 그를 위해 기도하고 싶지 않고, 상종하고 싶지도 않습니다. 하지만 이러한 인간적인 본능을 이겨내고 진정으로 원수를 위해 복을 빌 줄 아는 사람이 되게 하옵소서."

하나님은 우리의 마음을 다 알고 계십니다. 그것만 믿으면 원수를 향한 축복이 가능해집니다. 누군가를 떠올리면 밥맛이 없고, 화가 나고, 괴롭습니까? 그렇다면 아직 그를 용서하지 못한 것입니다. 하지만 그 처방전은 응징하고 싶고, 보복하고 싶은 사람을 위해 축복하는 것입니다. 우리는 이를 위해 부르심을 받았습니다. 이것을 감당하기만 하면 우리는 참된 복을 이어받는 자가 될 수 있습니다.

대적을 향해 복을 빌면 그 사람에게 빈 복이 나에게 고스란히 돌아온다는 사실을 기억하십시오. 그 사람이 복을 받을 자격이 없으면 그 복은 우리에게 다시 옵니다. 물론 이것을 노리고 남을 위해 축복해서는 안 될 것입니다. 그것은 단순한 이기심일 뿐입니다.

C. S. 루이스는 원수를 위해 기도하고 축복하는 것이 쉽지 않지만, 안 돼도 되는 척해보라고 말합니다. 원수를 위해 기도하고 축복하는 가면을 쓰라는 것입니다. 몸이 먼저 가면 자연스럽게 마음도 따라가는 원리가 적용된 말일 것입니다. 《순전한 기독교》에서 그는 늘 가면을 쓰고 사는 남자 이야기를 합니다. 그러면서 마음이 몸을 따라가는 예를 듭니다.

어떤 가면이 있었습니다. 그 가면은 남자의 원래 얼굴보다 더 잘생긴 가면이었습니다. 남자는 수년 동안 그 가면을 썼습니다. 그런데 어느 날 가면을 벗고 보니, 자신의 얼굴이 가면의 모습과 흡사하게 바뀌어 있었습니다. 결국 가면의 얼굴이 현실이 되어버렸습니다. 우리가 원수를 축복할 때도 이러한 원리가 적용됩니다. 축복의 가면을 쓰고 행동하다가 어느 날 그 가면을 벗으면, 어느새 우리가 축복의 사람으로 변화되어 있을 것입니다.

C. S. 루이스는 "그리스도인이 된다는 것은 아무 이유 없이 용서한다는 뜻이다. 왜냐하면 하나님이 아무 이유 없이 우리를 용서해주셨기 때문이다"라고 했습니다. 우리는 아무 이유 없이 하나님께 용서를 받고 새 삶을 얻은 자들이기에 그 은혜를 다른 이들에게도 베풀어야 합니다.

성 어거스틴은 이런 말을 했습니다.

"당신은 혹시 나쁜 사람의 불의한 행동과 공격을 받아 고통을 받고 있는가? 그렇다면 그를 용서하라. 그래야 나쁜 사람이 한 명 더 늘지 않는다."

내가 똑같이 발끈하며 공격하면 그와 똑같은 사람이 됩니다. 힘들어도 하나님께 받은 은혜를 생각하며 축복을 빌어주면 그것이 우리에게 되돌아온다는 사실을 가슴에 새기십시오.

셋째, 은혜를 주신 하나님을 신뢰해야 합니다. 이것은 다윗을 통해 이미 검증된 말씀입니다. 다윗이 아비멜렉 앞에서 미친 체하고 침을 흘리며 견딘 시간은 최고의 고통 중 하나였습니다.

"젊은 사자는 궁핍하여 주릴지라도 여호와를 찾는 자는 모든 좋은 것에 부족함이 없으리로다 너희 자녀들아 와서 내 말을 들으라 내가 여호와를 경외하는 법을 너희에게 가르치리로다 생명을 사모하고 연수를 사랑하여 복 받기를

원하는 사람이 누구뇨 네 혀를 악에서 금하며 네 입술을 거짓말에서 금할지
어다 악을 버리고 선을 행하며 화평을 찾아 따를지어다 여호와의 눈은 의인
을 향하시고 그의 귀는 그들의 부르짖음에 기울이시는도다"_시 34:10-15.

다윗이 말하기를 '네 혀를 악에서 금하라'고 했습니다. 또한 "네 입술
을 거짓말에서 금할지어다"라고 했습니다. 그러면 주의 눈이 의인을 향
하시고, 주의 귀는 의인의 간구에 귀 기울이신다고 말합니다. 하나님은
우리의 억울하고 답답한 심정을 알아주시고, 기도에 응답해주십니다. 여
기서 베드로는 한 가지 더 덧붙입니다.

"주의 얼굴은 악행 하는 자들을 대하시느니라"_벧전 3:12.

주님이 우리 대신 악행을 갚아주시고, 처리해주심을 믿으십시오.

은혜에 빚진 자

우리는 태어날 때부터 죄성을 가진 본질상 진노의 자녀였습니다. 그
런데 하나님이 우리 모두에게 은혜를 베풀어주셨습니다. 우리가 죄인이
었을 때 예수 그리스도를 보내셔서 구원해주시고, 성령님을 보내시어
그 은혜를 깨닫게 하시며, 원수 된 우리를 주님과 화목하게 하셨습니다.
우리는 예수님으로부터 도망치는 삶이었습니다. 그런 우리를 끝까지
찾아서 안아주시고, 눈을 열어 생명의 능력을 보게 하셨습니다. 또한 주

님께 마음을 열고 십자가 은혜를 깨닫게 하셨습니다. 이는 진실로 찬란한 순간이며, 놀라운 기적의 결과입니다. 그 결과, 우리는 화목하게 되었습니다.

이러한 은혜를 입은 우리는 평생 동안 은혜의 빚을 갚으며 살아도 하나님께 다 갚을 수 없습니다. 우리는 복음의 은혜에 빚진 자가 되어 이 세상을 살아갑니다. 그래서 원수를 위해 도리어 복을 빌 수 있는 것입니다. 주님이 우리를 구원하시고 화목의 자리에 앉히신 것처럼 우리 역시 원수 된 자를 사랑하고 그들과 화목하려는 노력이 필요합니다. 우리를 넘어뜨리려 하는 자들로 인해 낙심하지 마십시오. 그들의 부당한 공격은 나의 선택의 범위를 넘어서서, 하나님이 그런 환경을 주신 것입니다.

그런데 여기서 우리가 선택할 수 있는 것이 딱 하나 있습니다. 바로 어려운 환경에 반응하는 우리의 태도입니다. 부당한 공격과 힘든 상황에 처했을 때 오히려 그들을 축복하고 감사하는 주님의 처방전을 사용한다면, 상처받은 마음이 치유될 것입니다. 하나님은 원수를 사용하셔서 우리의 역량을 키우시고, 영적으로 자라게 하시며, 하나님을 신뢰하는 사람으로 만드신다는 사실을 믿어야 합니다.

이 세상을 바라보는 시각에는 몇 가지가 있습니다. 첫째는 미래를 멀리 내다보는 통찰력Foresight 입니다. 둘째는 과거를 돌아보며 얻는 통찰력Hindsight 입니다. 셋째는 현재라는 틀 속에서 미래를 내다보는 혜안Insight 입니다. 그런데 이들보다 더 중요한 것은 바로 주님의 시각Divine sight 입니다. 우리는 주님이 주신 시각으로 원수를 바라보고 그들을 위해 복을 빌어주어야 합니다.

하나님 아버지, 나에게 상처 준 사람을 주님의 시각으로 바라보며 복을 비는 거룩한 주의 자녀가 되기를 원합니다. 상처 입는 상황은 우리가 선택한 것이 아니지만 도리어 복을 비는 올바른 반응을 선택함으로써 하나님께 영광 돌리게 하옵소서. 기적과 치유와 믿음의 부요를 경험하는 하나님의 신실한 종이 되게 하옵소서. 예수님의 이름으로 기도드립니다. 아멘.

"우리는 응징하고 싶고, 보복하고 싶은 사람을 위해
도리어 복을 빌어야 합니다. 우리는 이를 위해
하나님의 부르심을 받았습니다."

베드로전서 3:13-17

¹³ 또 너희가 열심으로 선을 행하면 누가 너희를 해하리요 ¹⁴ 그러나 의를 위하여 고난을 받으면 복 있는 자니 그들이 두려워하는 것을 두려워하지 말며 근심하지 말고 ¹⁵ 너희 마음에 그리스도를 주로 삼아 거룩하게 하고 너희 속에 있는 소망에 관한 이유를 묻는 자에게는 대답할 것을 항상 준비하되 온유와 두려움으로 하고 ¹⁶ 선한 양심을 가지라 이는 그리스도 안에 있는 너희의 선행을 욕하는 자들로 그 비방하는 일에 부끄러움을 당하게 하려함이라 ¹⁷ 선을 행함으로 고난받는 것이 하나님의 뜻일진대 악을 행함으로 고난받는 것보다 나으니라

1 PETER

13장

공격하는 세대를 향한
소명자의 삶

"우리가 잠시 받는 고난은 참된 축복이요,
우리에게 영적 특권을 안겨주는 것입니다."

시대를 향한 소명자의 삶

지금 우리는 힘든 시대를 살아가고 있습니다. 그리스도인으로 살아가는 데 있어 당면한 시대적 과제들이 많습니다. 그중 하나는 많은 아이들이 복음을 듣지 못하고 자라난다는 사실입니다. 매일 30만 명의 아이들이 태어나고, 전 세계에 20억 명의 아이들이 자라나고 있습니다. 그런데 그 아이들이 가정 해체의 위기로 어릴 때부터 상처를 받으며 자랍니다. 그러다가 잘못된 길로 빠져서 범죄자가 되기도 합니다. 아이들이 자라는데 점점 더 적대적인 환경이 되어가고 있습니다. 종교적으로도 기독교의 힘이 점점 줄어들고 있습니다.

미국의 시카고는 1970년대만 해도 이슬람교도가 거의 없었습니다. 그런데 지금은 한 구역 전체가 이슬람교도일 정도로 무슬림 인구가 계속 늘어나고 있는 실정입니다. 절대적 진리가 사라진 혼돈의 상황이 되었습니다. 복음 진리는 많은 훼손을 당했고, 하나님의 진리가 폄하되는 시대가 도래했습니다. 이러한 문제들이 평범한 나와는 상관없는 일로 여겨집니까? 그렇지 않습니다. 하나님은 무명의 사람들을 통해서 일하시고 시대를 바꾸셨음을 알아야 합니다.

초대 교회 성도들도 사람들로부터 노골적인 미움과 박해를 받았습니다. 그러한 박해는 지금도 세계 곳곳에서 공공연하게 이루어지고 있습니다. 캘커타에 선교사로 파송된 그래함 스테인스Graham Stains 는 두 아들과 차를 타고 가다가 힌두교 광신자들의 방화로 불타 죽었습니다. 한순간에 남편과 두 아들을 잃은 아내 글레디스 스테인스Gladys Stains 선교사는 이렇게 말했습니다. "나는 더 이상 미움의 마음을 갖지 않겠다. 화를 내고 싶지 않다. 하지만 한 가지 열망이 있다. 이 나라의 한 사람 한 사람이 예수 그리스도와 생명의 관계를 맺기 원한다."

이처럼 적대감으로 충만한 세상 가운데 신실한 삶을 살려고 하는 하나님의 백성들에게 주시는 하나님의 메시지는 무엇일까요?

첫째, 선을 행하라는 것입니다. 선을 향한 열정이 있을 때 누가 우리를 해하겠느냐고 말합니다.

"또 너희가 열심으로 선을 행하면 누가 너희를 해하리요"_벧전 3:13.

여기서 '열심히 선을 행하다'란 헬라어로 '젤로테스'zelotes 입니다. 이 열정은 이타적이고 관대하고 친절하고 사려 깊은 행동을 이웃에게 보여주는 것인데, 이때 엄청난 열정을 쏟아붓게 됩니다. 신학자들은 베드로가 그 당시 셀롯_{열심당}인 시몬을 바라보며 그의 삶의 특징을 여기에 녹인 것이 아닐까 추측하기도 합니다. 열심당원들은 과격한 수단으로 자신들의 종교적 입장을 고수했습니다. 그들은 외세 치하에 있는 유대인들을 해방시키겠다는 좌우명이 있었습니다. 베드로는 그들의 과격한 열정이 고귀하고 선한 일에 사용되기를 바랐습니다.

예수님은 하나님의 나라가 이 땅에 임하기를 소원하셨습니다. 그 소원이 이루어지기 위해서는 참된 믿음이 행함으로 이어져 선한 열매를 맺어야 합니다. 예수 그리스도를 닮은 사람들이 이 땅에 늘어날 때, 소명 받은 자들이 선한 행실을 감당할 때 하나님의 나라가 도래합니다. 세상의 선한 일은 자신의 도덕적 판단과 의지로 행해지지만, 예수님의 선한 일은 믿음의 열정과 순종으로 이루어집니다.

둘째, 고난을 받으라는 것입니다.

"그러나 의를 위하여 고난을 받으면 복 있는 자니 그들이 두려워하는 것을 두려워하지 말며 근심하지 말고"_벧전 3:14.

우리가 고난받는 것은 하나님의 뜻입니다. 여기에는 고난을 피하지 않으려는 결단과 의지가 요구됩니다. 고난을 겪으면 복이 있다고 했습니다. 우리가 선한 일을 많이 행한다고 고난을 피해 갈 수는 없습니다. 죄가 없으신 예수님조차 갖은 고난과 핍박을 당하셨습니다. A. W. 토저는 모든 그리스도인이 천국으로 가는 길에서 동행해주는 친구는 고난밖에 없다고 했습니다. 고난은 우리가 본향 가는 길에서 이탈하지 않도록 도와주는 내비게이션 역할을 합니다.

가끔 우리가 고난의 어두운 터널을 만날 때가 있습니다. 터널은 어둡지만 더 빨리 갈 수 있는 지름길이기도 합니다. 고난은 우리에게 복이 됩니다. 그러므로 두려워할 필요가 없습니다. 고난이 참된 축복을 가져다주는 수단이 되기 때문입니다.

"모든 은혜의 하나님 곧 그리스도 안에서 너희를 부르사 자기의 영원한 영광에 들어가게 하신 이가 잠깐 고난을 당한 너희를 친히 온전하게 하시며 굳건하게 하시며 강하게 하시며 터를 견고하게 하시리라"_벧전 5:10.

주님은 잠깐 고난을 당한 우리를 온전하게 하시고, 굳건하게 하시고, 강하게 하시며, 터를 견고하게 하십니다. 이것이 고난이 가져다주는 유익입니다. 이렇게 우리 삶의 터가 견고해지면 적대적인 환경의 바람이 분다 할지라도 꿋꿋이 견딜 수 있게 됩니다. 현실적으로 고난은 힘겹고 고통스럽지만 그 뒤에 축복이 있음을 기억하십시오. 적대적인 세상에 맞설 수 있는 용기와 힘이 생길 것입니다.

신실한 영국의 청교도 신학자요 설교자인 토마스 왓슨Thomas Watson 은 이런 이야기를 했습니다.

"고난은 영광을 향해 가는 길이다. 고난 자체가 영광을 주는 것이 아니라 영광을 받을 준비를 시킨다. 쟁기질을 해서 땅에 씨앗을 심을 준비를 하는 것처럼 고난도 우리가 영광을 받도록 단련시키는 역할을 한다. 화가가 어두운 색깔 위에 금빛 채색을 하듯이 하나님도 처음에는 고난이라는 어둠을 우리에게 칠하시고 영광이라는 금빛을 나중에 더하신다. 항아리를 건조시키고 나서 포도주를 그 안에 담는 것처럼 은혜라는 항아리는 먼저 고난의 건조 시간을 견디고 나서 영광의 포도주를 담을 수 있다. 고난은 성도에게 해가 아닌 참된 축복이다."

우리가 잠시 받는 고난은 참된 축복이요, 우리에게 영적 특권을 안겨 주는 것입니다. 이것을 확고하게 믿고 집중하면 적대적인 세상에서 두려움에 떨지 않게 됩니다.

미국 콜로라도의 스프링스는 과거에 이단들이 많이 있는 곳이었습니다. 기독교를 적대시하는 진원지 같은 곳이었습니다. 기독교 지도자들은 그곳에 그리스도의 복음이 들어가 정화되기를 바라는 마음으로 합심 기도를 했습니다. 또한 가정사역단체인 포커스 온 더 패밀리Focus on the Family 가 들어가고, 세계적인 기독교 출판사인 가스펠 라이트Gospel Light가 들어갔습니다. 뒤이어 좋은 대학들이 들어가서 복음으로 충만한 도시가 되도록 했습니다. 아직도 이단들이 남아 있기는 하지만, 많은 그리스도인들이 기도를 통한 변혁을 이루기 위해 지금도 애쓰고 있습니다.

적대적인 환경에서 우리가 할 수 있는 일은 하나님이 고난 가운데 우리를 부르신 것이 축복이며, 세상을 향해 소명 받은 사람으로 고난의 신비를 깨닫게 해주실 것이라 믿는 것입니다.

셋째, 우리 마음에 예수 그리스도를 주로 삼아 거룩하게 되라는 것입니다. 이 말씀은 구별되는 정도가 아니라 하나님의 통치가 있게 하라는 뜻입니다. 하나님의 인도하심에 나를 의탁하고, 하나님의 주권을 선포하고, 오직 하나님만을 경외하라는 말입니다. 즉, 그리스도께 사랑과 경배와 찬양을 올려드리라는 깊은 의미가 함축되어 있습니다.

예술가들은 작품에 몰두하면 어느 순간 미적 황홀경에 도달합니다. 이처럼 우리가 주님을 더 깊이 묵상하고 알아가는 데 몰두하면 더 크고 높은 은혜의 상태에 도달하게 됩니다. 주님을 묵상하는 일이 꿀송이보다 달고, 시냇물을 찾아 목을 축이는 것처럼 시원하게 됩니다. 이렇게 묵상에 집중하면 적대적인 환경을 이겨낼 수 있습니다.

주님을 경외하는 또 하나의 방법은 소망에 관한 이유를 묻는 자들에게 항상 대답할 말을 준비하는 것입니다. 이는 다른 말로 하면 기독교 변증, 즉 주님을 선포하고 증거하는 것입니다. 사람들이 "당신은 왜 예수를 믿습니까? 복음의 진리가 무엇입니까? 당신은 영적으로 어떤 사명과 가치관을 가지고 있습니까? 당신은 무엇 때문에 매 주일 교회를 나갑니까?"라고 물을 때 영적으로 분명한 답변을 가지고 있어야 합니다.

대답할 것을 준비한다는 말은 변증한다는 뜻인데, '변증'이란 단어는 헬라어로 '아폴로기아'apologia 입니다. 이 단어는 변증학이라는 아폴로제틱apologetic 에서 나온 말인데, 보통 법정에서 쓰입니다. 법정에서 변호사가 명확한 언어로 구술하는 것처럼 우리도 예수님에 대해 명쾌하게 대답할 수 있어야 하는 것입니다.

"그가 또 언약을 배반하고 악행 하는 자를 속임수로 타락시킬 것이나 오직 자기의 하나님을 아는 백성은 강하여 용맹을 떨치리라"_단 11:32.

하나님을 높여드리고 변증하는 백성은 강하여 용맹을 떨친다고 했습니다. 예수님을 다른 사람에게 선포하고 증거하며 변증하는 것은 단순히 전도에 그치는 것이 아니라 우리 자신이 강하게 되고, 예수 그리스도의 용맹한 군사로 무장되는 것입니다. 이 세상에는 훌륭한 기독교 변증가들이 참 많습니다. 하지만 우리 모두가 그들에게 기댈 수는 없습니다. 적대 감이 있는 세상 가운데 우리 각자가 예수님을 변증하고, 주님을 높일 수 있어야 합니다. 우리가 순종하면, 하나님 나라의 강하고 용맹한 군사가 될 것입니다.

　넷째, 선한 양심을 가지라는 것입니다.

"선한 양심을 가지라 이는 그리스도 안에 있는 너희의 선행을 욕하는 자들로 그 비방하는 일에 부끄러움을 당하게 하려 함이라"_벧전 3:16.

　선한 양심은 스스로를 비추는 마음입니다. 율법 없는 이방인도 옳고 그름을 판단할 수 있는 내재된 윤리 기준이 있습니다롬 2장. 그러나 선한 양심은 하나님이 피조물인 우리에게만 주신 것입니다. 오늘날 이 선한 양심이 세상 죄로 인해 오염되었습니다. 우리는 오염된 선한 양심을 회복해야 합니다.

"하물며 영원하신 성령으로 말미암아 흠 없는 자기를 하나님께 드린 그리스도의 피가 어찌 너희 양심을 죽은 행실에서 깨끗하게 하고 살아 계신 하나님을 섬기게 하지 못하겠느냐"_히 9:14.

　그리스도의 피가 우리의 오염된 양심을 회복시켜준다고 말씀합니다.

매 주일 예배를 드리며 주님 앞에 나아갈 때마다 그리스도의 피가 우리의 양심을 하나님이 기뻐하시는 선한 양심으로 회복시켜준다는 것입니다.

> "이것으로 말미암아 나도 하나님과 사람에 대하여 항상 양심에 거리낌이 없기를 힘쓰나이다"_행 24:16.

사도 바울은 하나님과 사람 앞에서 양심에 거리낌이 없기를 힘쓴다고 했습니다. 우리도 이런 고백을 떳떳하게 할 수 있다면 얼마나 좋을까요? 문제는 예수를 믿는다고 하면서도 양심에 거리끼는 일들을 참 많이 행하는 것입니다.

어느 잡지에서 두 종류의 그리스도인에 대한 이야기를 보았습니다. 한 유형은 '007 그리스도인'인데, 직장이나 사회에서 주변 사람들이 그가 그리스도인인 줄 모를 정도로 조용히 신앙생활을 하는 사람입니다. 또 하나는 '잠수형 그리스도인'인데, 토요일 저녁때쯤 수면 위로 고개를 들고 주일날 물 위에서 신앙생활을 하다가 월요일부터는 다시 물속으로 잠수하는 사람입니다. 이를 통해 우리는 세상 가운데서 그리스도인으로서 양심을 지키며 신앙생활 하는 것이 결코 녹록지 않음을 알 수 있습니다.

선한 양심을 거스르지 않는 삶

우리는 하나님과 사람들 앞에서 얼마나 양심에 거리낌이 없도록 살고 있습니까? 선한 양심으로 신앙생활을 한다면 세상을 두려워할 필요가 없습니다. 우리는 일터에서 종교적인 티가 아닌 영적인 티를 내야 합니다. 비록 우리가 선을 행하다가 욕을 먹는다 할지라도 하나님은 언젠가 그 욕하는 사람을 부끄럽게 하실 것입니다.

"너희의 선행을 욕하는 자들로 그 비방하는 일에 부끄러움을 당하게 하려 함이라"_벧전 3:16.

우리를 적대시하고 비방하는 자들은 하나님이 알아서 해결해주십니다. 우리를 온전하게 하시고, 강하게 하시고, 견고하게 하심으로 말미암아 우리를 공격하는 자들이 오히려 부끄러움을 당하게 하신다는 것입니다.

"모든 은혜의 하나님 곧 그리스도 안에서 너희를 부르사 자기의 영원한 영광에 들어가게 하신 이가 잠깐 고난을 당한 너희를 친히 온전하게 하시며 굳건하게 하시며 강하게 하시며 터를 견고하게 하시리라"_벧전 5:10.

적대적인 환경에서 선한 일에 대한 열정을 가지고 고난을 극복하며 주님을 높일 때, 하나님은 우리를 통해 이 시대의 어려운 일들을 감당하실 것입니다. 사탄이 아무리 끊임없이 공격할지라도 죽음 너머 우리를 붙잡고 계신 주님을 방해하지는 못합니다. 그리스도인이라면 무덤 저편에서 들리는 찬양 소리를 들을 수 있어야 합니다. 죽음 너머에서는 어떤 이도 우리를 공격할 수 없습니다. 하나님이 하늘 문을 여시고, 붙잡으시고, 강건하게 하시고, 시대를 향해 새롭게 뛸 수 있는 기름 부으심과 힘을 우리에게 허락해주셨습니다. 주님은 우리의 강한 성루이십니다. 적대적인 환경 속에서도 주님의 이름을 높이겠다는 결단, 선한 양심으로 매진하겠다는 결단을 내리는 우리 모두가 되기를 바랍니다.

하나님 아버지, 복음과 교회를 폄하하고 공격하는 적대적인 세상이 되었습니다. 이런 상황에서도 선을 행하게 하시옵고, 고난을 결단함으로 아무리 어려워도 주님의 이름을 높이는 일생이 되게 해주옵소서. 하나님을 더 깊이 알아가고, 믿음의 중심을 잡는 성숙함에 이르게 하시기를 원합니다. 주님은 우리 개인과 교회의 거룩하고 강한 성루이심을 믿습니다. 우리의 성루요 방패가 되시는 예수 그리스도의 이름으로 기도드립니다. 아멘.

"적대적인 환경에서 우리가 할 수 있는 일은
하나님이 고난 가운데 우리를 부르신 것이 축복이며,
세상을 향해 소명 받은 사람으로
고난의 신비를 깨닫게 해주실 것이라 믿는 것입니다."

베드로전서 3:18-22

¹⁸ 그리스도께서도 단번에 죄를 위하여 죽으사 의인으로서 불의한 자를 대신하셨으니 이는 우리를 하나님 앞으로 인도하려 하심이라 육체로는 죽임을 당하시고 영으로는 살리심을 받으셨으니 ¹⁹ 그가 또한 영으로 가서 옥에 있는 영들에게 선포하시니라 ²⁰ 그들은 전에 노아의 날 방주를 준비할 동안 하나님이 오래 참고 기다리실 때에 복종하지 아니하던 자들이라 방주에서 물로 말미암아 구원을 얻은 자가 몇 명뿐이니 겨우 여덟 명이라 ²¹ 물은 예수 그리스도께서 부활하심으로 말미암아 이제 너희를 구원하는 표니 곧 세례라 이는 육체의 더러운 것을 제하여 버림이 아니요 하나님을 향한 선한 양심의 간구니라 ²² 그는 하늘에 오르사 하나님 우편에 계시니 천사들과 권세들과 능력들이 그에게 복종하느니라

1 PETER

14장

승리하신
예수 그리스도의 영광

"우리가 그리스도의 영광을 제대로 바라보고 체험하며 살 수 있다면
이 세상의 어떤 풍파나 고통도 능히 이겨낼 수 있을 것입니다."

그리스도의 부활과 승리가 주는 힘

이 세상에서 절망을 모르는 유일한 곳이 있다면 교회 공동체가 아닐까 싶습니다. 교회에 오면 낙심과 좌절로 가라앉은 우리의 마음이 은혜의 말씀을 통해 힘을 얻습니다. 그리고 다시 세상으로 나아가 그리스도의 빛을 나타내 보입니다. 주님을 향한 우리의 시선이 고정되어 있다면 세상을 이길 넉넉한 힘이 주어질 것입니다.

이렇듯 교회가 희망적인 것은 예수 그리스도의 부활과 승리 때문인지도 모릅니다. 예수 그리스도께서는 우리의 죄를 사하기 위해 죽으셨고, 죽은 자들 가운데서 다시 살아나셨으며, 하나님 우편에 앉으셨습니다. 고통으로 시작된 그분의 삶이 승리로 끝난 것입니다.

복음의 핵심이신 예수 그리스도께서 승리의 그리스도가 되신 이유를

몇 가지로 이야기해볼 수 있습니다.

첫째, 예수님은 대속의 죽음을 통해 우리에게 승리를 보여주셨습니다. 대속이란 예수 그리스도께서 우리를 대신해 죄를 사하기 위해 죽으심을 말합니다. 그런데 이 대속은 몇 번에 걸쳐 행해진 것이 아니라 단번에 완성되었습니다.

"그리스도께서도 단번에 죄를 위하여 죽으사 의인으로서 불의한 자를 대신하셨으니 이는 우리를 하나님 앞으로 인도하려 하심이라"_벧전 3:18.

여기서 "단번에"라는 말은 반복할 필요 없이 단 한 번으로 충족됨을 의미합니다. 이스라엘 백성들은 죄를 지으면 그때마다 하나님께 제물을 올려 죄를 용서받았습니다. 그래서 단번에 죄가 사해진다는 의미를 잘 이해하지 못했습니다. 주님이 단번에 우리를 위해 죽으셨다는 것은 우리가 더 이상 반복해서 제사를 드릴 필요가 없다는 것입니다. 그만큼 하나님의 은혜가 충만하기 때문입니다.

예수님의 죽음은 제단에서 끝없이 이어지는 희생제사를 멈추게 했고, 단번에 영원한 숙제가 이루어지게 하심으로써 더 이상 피가 흐르지 않도록 했습니다. 이것이 바로 진정한 의미의 대속입니다. 주님은 우리가 져야 할 죄를 짊어지시고, 감당해야 할 수치를 감당해주셨습니다. 단번에 죄를 위해 죽으신 예수 그리스도께서는 의인으로서 불의한 자를 대신하셨습니다. 이에 대해 사도 바울은 이렇게 표현했습니다.

"하나님이 죄를 알지도 못하신 이를 우리를 대신하여 죄로 삼으신 것은 우리로 하여금 그 안에서 하나님의 의가 되게 하려 하심이라"_고후 5:21.

죄를 알지도 못하신 순결한 주님은 죄 자체가 되시어 대속의 죽음을 감당하셨습니다. 우리의 죄를 대신해 주님이 죄의 덩어리가 되신 것입니다.

예를 들어 희귀 암에 걸린 어떤 사람이 있다고 합시다. 그의 암이 치유될 길은 전혀 없습니다. 그야말로 그가 살아난다면 세상에 없는 기적이 될 것입니다. 그런데 한 사람이 다가와 말합니다. "당신의 몸에 있는 모든 암세포를 전부 가져가 제 몸에 넣겠습니다." 이런 말을 듣는다면 어떻겠습니까? 어리둥절하면서도 기쁨으로 놀랄 것입니다. 치명적인 암세포가 다른 이에게 완전히 넘어가면 나는 살고, 그는 죽게 됩니다. 이것이 대신 죽는 것입니다. 그 결과 우리는 하나님 앞에 인도함을 받습니다. 이것을 날마다 묵상할 때마다 승리하신 그리스도가 우리의 마음속에 각인될 수 있습니다.

둘째, 예수님은 영으로 가셔서 옥에 있는 영들에게 선포하셨습니다.

"그가 또한 영으로 가서 옥에 있는 영들에게 선포하시니라"_벧전 3:19.

이 말씀의 의미는 예수님이 옥에 갇힌 악한 영들에게 심판을 선포하심으로 승리하셨다는 것입니다. 여기서 "옥에 있는 영들"이란 하나님께 복종하지 않은 자들입니다.

"그들은 전에 노아의 날 방주를 준비할 동안 하나님이 오래 참고 기다리실 때에 복종하지 아니하던 자들이라"_벧전 3:20.

노아 시절에 타락한 천사들이 사람의 딸들과 결혼하고 그 후손들이 악한 자들이 되어 하나님의 심판의 선언을 듣고도 회개하지 않았습니다창 6장. 이는 베드로후서 2장을 보아도 잘 알 수 있습니다.

"하나님이 범죄 한 천사들을 용서하지 아니하시고 지옥에 던져 어두운 구덩이에 두어 심판 때까지 지키게 하셨으며 옛 세상을 용서하지 아니하시고 오직 의를 전파하는 노아와 그 일곱 식구를 보존하시고 경건하지 아니한 자들의 세상에 홍수를 내리셨으며"_벧후 2:4-5.

"범죄 한 천사들"은 타락한 천사들을 말하는 것으로, 노아 시대에 예수님이 노아와 함께 이들에게 심판의 날을 선포하셨습니다. 그런데 타락한 천사들은 예수님이 선포하신 심판의 경고를 듣지 않았습니다. 결국 그들은 심판을 받으며 흑암에 갇혔고, 예수님은 승리의 그리스도가 되셨습니다.

"또 자기 지위를 지키지 아니하고 자기 처소를 떠난 천사들을 큰 날의 심판까지 영원한 결박으로 흑암에 가두셨으며"_유 1:6.

이 땅에 있는 어떤 악한 영도 예수님이 선포하신 심판에서 자유로울 수 없습니다. 그리고 우리는 늘 예수님과 동행하며 악한 영들 가운데서 승리하게 됩니다.

셋째, 예수님은 구원의 역사를 통해 승리하셨습니다. 노아는 방주를 지으면서 끊임없이 사람들에게 하나님의 복음을 전하고, 다가올 심판에 대해 경고했습니다. 그런데 노아의 가족을 제외하고는 어느 누구도 그의 말에 귀 기울이지 않았습니다. 현재의 삶에 취해 미래의 심판을 건성으로 흘려들은 것입니다.

이러한 태도는 오늘날에도 변함이 없습니다. 우리는 당장 주어진 삶에 바빠서 미래의 경고에 대해 신경 쓰지 않습니다. 그러다가 나중에 꼭 후회를 합니다. 우리는 하나님의 영적 경고에 늘 예민해야 할 것입니다.

아무리 돈이 많고 뛰어난 재능이 있다 해도 하나님을 향한 영적 통찰력이 없다면 허무한 인생이 되고 말 것입니다. 엄청나게 불어난 홍수의 물이 불순종하는 이들에게는 심판이 되었지만, 순종하는 노아의 가족들에게는 구원이 되었습니다. 그때의 구원의 물은 오늘날 세례로 연결됩니다. 세례를 통해 예수님과 하나가 된 우리는 예수님의 승리의 기쁨을 함께 누릴 수 있습니다.

넷째, 예수님은 하나님의 영광의 우편에 앉아 계십니다.

"그는 하늘에 오르사 하나님 우편에 계시니 천사들과 권세들과 능력들이 그에게 복종하느니라"_벧전 3:22.

"하늘에 오르사"는 승천을 뜻합니다. 그리고 "하나님 우편"은 영원토

177

록 빛나는 영광과 권능의 자리를 의미합니다. 예수님은 대속 사역을 완성하시고 하나님의 영광의 우편에 앉으셨습니다. 그러자 천사들과 권세들과 능력들이 그분께 복종하게 되었습니다. 이는 군대처럼 천사들과 권세들과 능력들이 예수님 밑에 도열하여 복종한다는 것입니다. 하늘에 오르사 영광을 거두심으로 승리하신 예수 그리스도, 그분의 영광에 대해 청교도 설교가 존 오웬John Owen은 이렇게 이야기합니다. "이 세상에 태어나 영원한 세계에 이르기까지 성도들이 누리는 최고의 특권 가운데 하나는 그리스도의 영광을 보는 데 있다."

성도로서 승리하신 예수 그리스도의 영광을 보고 참여하는 것이 얼마나 놀라운 일인지 우리는 알아야 합니다. 예수님은 제자들을 위해 기도하실 때 "아버지여 내게 주신 자도 나 있는 곳에 나와 함께 있어 아버지께서 창세전부터 나를 사랑하시므로 내게 주신 나의 영광을 그들로 보게 하시기를 원하옵나이다"요 17:24라고 하셨습니다. 제자들을 향한 주님의 간절한 소원, 우리를 향한 주님의 간절한 마음은 주님의 영광을 보게 하는 것이었습니다.

성경에 나오는 많은 인물들도 하나님의 영광을 보기 원했습니다. 모세의 경우, 주님을 알아 하나님의 영광을 보기 원했습니다출 33장. 또한 다윗은 "내가 주의 권능과 영광을 보기 위하여 이와 같이 성소에서 주를 바라보았나이다"시 63:2라고 말했습니다.

하나님의 사람이었던 모세와 다윗이 하나님의 영광을 그토록 보고 싶어 한 이유는 무엇일까요? 그것은 우리 영혼의 궁극적인 안식과 만족이 여기에 달려 있기 때문입니다. 진정한 삶의 만족, 참된 영적 안식이 하나님의 영광을 바라보는 데 달려 있다는 것입니다. 존 오웬은 그리스도의 영광이 이 세상의 모든 고통 속에 들어 있는 독소를 제거하는 최고의 해독제라고 말합니다.

하나님 영광의 실체

오늘날 예배를 드리는 우리는 하나님의 영광의 실체를 경험할 수 있기를 기도해야 합니다. 우리가 그리스도의 영광을 제대로 바라보고 체험하며 살 수 있다면 이 세상의 어떤 풍파나 고통도 능히 이겨낼 수 있을 것입니다. 우리를 괴롭히는 독소 같은 일들이 예수 그리스도의 찬란한 영광으로 인해 모두 사라질 것입니다.

다윗은 사울 왕에게 집요하게 쫓기면서 수차례 죽음의 위협을 당했습니다. 그런데 결국 다윗이 승리를 거두었습니다. 그 이유는 다윗이 하나님의 영광을 바라보고 경험하기를 원했기 때문입니다. 그가 하나님의 영광을 제대로 체험함으로 진정한 예배자가 되는 순간 눈이 밝게 열리고, 어떤 음모와 술수에도 넘어지지 않게 된 것입니다. 이러한 다윗의 경험이 동일하게 우리 삶에도 임할 수 있기를 바랍니다.

사탄은 우리로 하여금 승리하신 예수 그리스도의 영광을 바라보지 못하도록 수없이 방해합니다. 하나님의 영광 대신 세상의 영광으로 유혹합니다. 그러나 우리는 승리하신 예수 그리스도를 향해 고정한 시선을 다른 데로 돌리지 말아야 합니다. 주님을 향한 우리의 시선이 그분으로부터 멀어지는 순간 은혜가 사라지게 될 것입니다. 진정한 은혜는 하나님의 영광을 체험하는 것입니다. 승리하신 예수 그리스도께서는 하나님의 영광으로 우리 삶의 질곡들을 걷어내십니다.

"주께서 나의 등불을 켜심이여 여호와 내 하나님이 내 흑암을 밝히시리이다
내가 주를 의뢰하고 적군을 향해 달리며 내 하나님을 의지하고 담을 뛰어넘
나이다"_시 18:28-29.

영광의 주님이 우리 삶의 흑암을 밝혀주실 것입니다. 영광의 주님을
의뢰하고 적군을 향해 달리며 담을 뛰어넘는 능력을 허락해주실 것입니
다. 영광의 그리스도께서 우리와 함께 계시는 한, 우리 삶의 어려움들은
작은 것처럼 느껴지게 됩니다.

기도 ● PRAYER

하나님 아버지, 사탄은 우리를 근심하게 하고, 상처받게 하고, 주님의 찬란한 영광을
바라보지 못하게 만듭니다. 세상적인 영광으로 우리를 유혹하여 주님을 향한 시선을 거
두게 합니다. 주님, 평생 동안 주님의 영광을 바라보는 우리의 시선이 흔들리지 않게
하옵소서. 매 순간 승리하는 주님의 귀한 종이 되기를 원합니다. 승리하신 예수 그리스
도의 이름으로 기도드립니다. 아멘.

"진정한 은혜는 하나님의 영광을 체험하는 것입니다.
승리하신 예수 그리스도께서는 하나님의 영광으로
우리 삶의 질곡들을 걷어내십니다."

4부

고난의 때에 부는
은총의 바람

베드로전서 4:1-6

¹그리스도께서 이미 육체의 고난을 받으셨으니 너희도 같은 마음으로 갑옷을 삼으라 이는 육체의 고난을 받은 자는 죄를 그쳤음이니 ²그 후로는 다시 사람의 정욕을 따르지 않고 하나님의 뜻을 따라 육체의 남은 때를 살게 하려 함이라 ³너희가 음란과 정욕과 술 취함과 방탕과 향락과 무법한 우상 숭배를 하여 이방인의 뜻을 따라 행한 것은 지나간 때로 족하도다 ⁴이러므로 너희가 그들과 함께 그런 극한 방탕에 달음질하지 아니하는 것을 그들이 이상히 여겨 비방하나 ⁵그들이 산 자와 죽은 자를 심판하기로 예비하신 이에게 사실대로 고하리라 ⁶이를 위하여 죽은 자들에게도 복음이 전파되었으니 이는 육체로는 사람으로 심판을 받으나 영으로는 하나님을 따라 살게 하려 함이라

1 PETER

15장

하나님 뜻대로
사는 인생

"'하나님의 뜻을 따라 산다'는 것은 육적 거룩함과 영적 거룩함을 통해
모든 주의 백성들이 생명 운동의 전사들이 되는 것입니다."

육체의 고난과 과거의 습관

초대 교회 그리스도인들은 크게 두 부류로 나뉘었습니다. 하나는 유대
인이었다가 회심한 경우이고, 또 하나는 이방인이었다가 회심한 경우입
니다. 여기서 베드로는 이방인으로 살다가 회심한 사람들에게 다음과 같
이 권면합니다.

"너희가 음란과 정욕과 술 취함과 방탕과 향락과 무법한 우상 숭배를 하여
이방인의 뜻을 따라 행한 것은 지나간 때로 족하도다" _벧전 4:3.

그들은 과거의 삶을 청산하고 하나님의 뜻을 따라 살게 되었습니다.
그런데 베드로의 권면과 도전이 그들에게는 어떻게 느껴졌을까요? 기쁨

과 감사하는 마음이 있었겠지만, 한편으로는 큰 부담이 되었을 것입니다. 과거에 이방인이던 성도들은 육신의 법칙을 버리고 하나님 은혜의 법칙을 따라 살았을 것입니다. 그러나 부패한 본성은 여전히 남아 있어 지속적으로 과거로 돌아가고픈 유혹을 받았습니다.

종교개혁자 존 녹스John Knox는 나라와 민족을 위해 크게 쓰임받은 인물로, 캐나다 토론토와 미국에 녹스신학교가 세워졌을 정도로 유명합니다. 그는 죽기 전에 이런 글을 남겼습니다. "하나님, 교만과 야망이 한쪽에서 저를 공격해 들어오면 다른 쪽에서는 탐욕과 원한이 문제를 일으킵니다."

그 역시 살아가는 동안 수많은 고비를 맞고, 복잡한 인간관계 속에서 상처투성이가 되었을 것입니다. 사도 바울도 이렇게 고백했습니다.

"오호라 나는 곤고한 사람이로다 이 사망의 몸에서 누가 나를 건져내랴"
_롬 7:24

매일 자신의 죄성을 감지하며 예민하게 살아가는 사람이 있는 반면, 오래된 습관이 고개를 들면 어김없이 거기에 걸려 넘어지는 사람도 있습니다. 이스라엘 백성들은 여리고 성을 점령하고 난 다음에 방심하여 아이 성 공략에 실패하고 말았습니다.

사탄은 틈만 나면 옛 습관을 가지고 우리의 목을 조릅니다. 과거에 우리를 옭아맨 여러 가지 나쁜 중독에 다시 빠지도록 유혹합니다. 그럼에도 불구하고 우리는 예수 그리스도와 동행하며 거룩한 자리에 서야 합니다. 우리는 과거의 모습에서 벗어나 달라진 존재입니다. 과거와 구별된 자들입니다. 그러면 우리가 달라진 사실을 어떻게 알 수 있습니까?

예수님과 같은 마음의 갑옷을 입으라

"그리스도께서 이미 육체의 고난을 받으셨으니 너희도 같은 마음으로 갑옷을 삼으라 이는 육체의 고난을 받은 자는 죄를 그쳤음이니"_벧전 4:1.

'육체의 고난을 받은 자는 죄를 그쳤다'고 말합니다. 그리스도의 고난과 죽음에 참여하는 자는 죄의 권세에 함부로 지배당하지 않는다는 말입니다. 고난을 경험한 자는 쉽게 방탕할 수 없으니, 고통과 고난 가운데서 자기 자신을 추스르고 돌아보게 됩니다. 육체의 고난과 고통을 받은 사람은 함부로 살지 않는다는 것입니다. 그러므로 지금 당하는 어려움 때문에 자신을 추스르고 하나님 앞에 경건하게 사는 것은 우리의 축복이 됩니다.

구약의 아합 왕은 고난을 당함으로, 정신 차리고 베옷을 입고 겸손해졌습니다. 고난은 악인도 정신 차리게 만듭니다. 사람은 육체의 고난을 당하면 자기 정욕대로 살지 않게 됩니다. 인격이 겸손해집니다. 고난을 통해 한 단계 성숙해집니다. 고난이 없다면 한껏 교만해져서 어느 순간 크게 실족하게 될 것입니다.

고난은 우리에게 육체를 따라 살지 않고 거룩하게 살 수 있는 계기를 제공합니다. 고난은 우리에게 죄를 그치게 하는 힘이 있습니다. 고난은 선한 결과를 가져올 수 있습니다. 그래서 고난 자체는 선하지 않지만, 고난의 열매는 선합니다. 우리 속에 있는 죄의 본성은 고난이 있을 때 많이 씻겨 내려갑니다. 고난의 열매는 우리를 죄에서 떠나게 하며, 주님 앞으로 나아가게 합니다.

우리는 주님이 받으신 고난을 생각하며 같은 마음으로 갑옷을 삼아야 음란한 세대를 헤쳐나갈 수 있습니다. "갑옷을 삼으라"는 말은 강한 명령의 동사로, 전쟁에 나가기 위해 철저하게 무장하는 군인처럼 하나님의 전신갑주를 입으라는 뜻입니다. 그 갑옷은 예수님과 같은 마음의 갑옷입니다.

"그 후로는 다시 사람의 정욕을 따르지 않고 하나님의 뜻을 따라 육체의 남은 때를 살게 하려 함이라"_벧전 4:2.

예수님과 같은 마음의 갑옷은 하나님의 뜻에 따라 살게 되는 것입니다.

"이는 육체로는 사람으로 심판을 받으나 영으로는 하나님을 따라 살게 하려 함이라"_벧전 4:6.

우리가 육체의 남은 때를 하나님의 뜻을 따라 사는 것은 영으로 하나님을 따라 살게 되는 축복이 됩니다. '하나님의 뜻을 따라 산다'는 것은 사람의 정욕을 따르지 않는 것입니다. 즉, 음란과 정욕과 술 취함과 방탕과 향락과 무법한 우상 숭배의 삶을 살지 않고 영을 따라 사는 것입니다. 이것을 한마디로 표현하면 거룩하게 사는 것, 구별되어 사는 것입니다.

"오직 너희를 부르신 거룩한 이처럼 너희도 모든 행실에 거룩한 자가 되라"_벧전 1:15.

이것이 하나님의 뜻을 따라 사는 것, 영을 따라 사는 것, 마음의 갑옷을 입는 것입니다. 이 거룩함에는 두 종류가 있습니다.

첫째, 영적 거룩함입니다. 영적 거룩함은 우상 숭배와 연결되어 있는데, 하나님 외에 다른 것에 마음을 빼앗기지 않는 것입니다. 요즘 우리를 괴롭히는 우상 숭배는 소위 이데올로기 때문에 일어납니다. 교회 안에 정치적 신념이나 행보가 들어오면서 하나님의 거룩한 뜻이 가려질 때가 있습니다. 우리에게 신념보다 중요한 것이 신앙입니다. 우리는 이데올로기 숭배자가 아니라 하나님의 뜻을 따라 거룩하게 사는 자들입니다.

둘째, 육적 거룩함입니다. 사회 전체에 만연해 있는 각종 범죄들과 음란물들은 우리를 어지럽게 만듭니다. 이런 사회 속에서 육적 거룩함을 유지한다는 것은 죽음의 문화, 상처의 문화, 대결의 문화를 걷어내고 거룩한 생명의 문화를 확장시킨다는 의미입니다.

'하나님의 뜻을 따라 산다'는 것은 육적 거룩함과 영적 거룩함을 통해 모든 주의 백성들이 생명 운동의 전사들이 되는 것입니다.

이방 뜻을 따라 산 것은 지나간 때로 족하다

베드로는 음란과 정욕과 술 취함과 방탕과 향락과 위법한 우상 숭배의 삶은 이제 완료되었으니 더 이상 여기에 얽매이지 말라고 말합니다. 이방인이 지닌 과거의 삶의 형태는 여섯 가지로 정리될 수 있습니다.

첫째, 음란입니다. 이는 부도덕한 성적 타락을 의미합니다.
둘째, 정욕입니다. 자기가 원하는 대로 사는 모습입니다.

셋째, 술 취함입니다. 습관적인 음주나 마약에 취하는 것 등이 포함됩니다.

넷째, 방탕입니다. 난잡한 행태를 뜻합니다.

다섯째, 향락입니다. 쾌락을 위해 즐기는 것입니다.

여섯째, 무법한 우상 숭배입니다.

이것들은 아무리 씻어내도 잘 씻겨 내려가지 않는 중독성이 강한 것들입니다. 그래도 베드로는 지나간 때로 족하다고 하면서 이것들을 정리하라고 말합니다.

"이러므로 너희가 그들과 함께 그런 극한 방탕에 달음질하지 아니하는 것"
_벧전 4:4.

과거에는 극한 방탕에 달음질했습니다. 죄의 욕구에 취해 우르르 몰려다니고, 마음이 타락해 헐떡였습니다. 그런데 그런 과거를 청산하고 예수 그리스도로 인해 새 사람이 되어 거룩하게 살자, 믿지 않는 자들이 비방하고 나섰습니다. 자신들과 다른 모습으로 사는 그리스도인들이 눈에 거슬린 것입니다.

오늘날 우리가 사는 시대도 결코 다르지 않습니다. 급속도로 경제 성장을 이루는 사이, 한편으로는 쾌락 문화가 스며들어와 부패해가고 있습니다. 어떤 사이버 경찰은 지난 5년 동안 인터넷 등에 돌아다니는 음란물 50만 개를 제거했다고 합니다. 지금도 하루에 200~300개 이상의 음란물을 지우고 있습니다. 우리의 아이들이 음란물에 중독되어 병들지 않게 하려고 혼자 십자가를 진 것입니다.

우리의 마음을 흐리게 만드는 것들로부터 하루빨리 벗어나야 합니다. 그것들은 지나간 과거가 되었음을 기억하고 하나님이 보여주시는 길을 바라보아야 합니다. 예수님을 믿는다는 것은 이 세상에서 착하게 사는 정도를 말하지 않습니다. 우리는 예수 그리스도의 성품을 따라 육신의 정욕을 죽이고 사는 것이 목표가 되어야 합니다. 복음 전도자로서의 소명을 가지고, 하나님의 영광을 체험하는 자들이 되어야 합니다.

우리가 과거와 결별하고 세상 사람들과 다르게 살아야 하는 이유는 마지막 날에 심판이 있기 때문입니다.

"산 자와 죽은 자를 심판하기로 예비하신 이에게 사실대로 고하리라"_벧전 4:5.

구별된 자가 받을 상급

믿지 않는 사람들은 우리의 삶을 보고 비방하며 어리석다고 손가락질할지 모릅니다. 그러나 주님의 심판대 앞에 섰을 때, 어리석은 자들은 우리가 아니라 그들이 될 것입니다. 자신의 이익을 위해 교묘하게 죄를 범하며 산 사람들, 신성한 결혼 서약을 깨고 죄를 지은 자들은 하나님 앞에 설 때 두려워해야 할 것입니다.

반면 주님의 이름으로 사랑을 베풀며 산 자들은 상급을 받을 것입니다. 그리스도 때문에 고난받고, 믿음 때문에 순교한 자들은 영광스러운 왕관을 선물로 받을 것입니다. 겨울이 오지 않으면 소나무가 상록수인 것을 알 수 없듯이, 훗날 심판대에 서는 순간 우리의 순도 높은 내면이 드러나게 될 것입니다.

어떤 직장에서 한 그리스도인이 승진 심사에 올랐습니다. 승진 심사를 하는 책임자는 불교 신자였는데, 그리스도인인 그를 싫어했습니다. 그는 가정생활과 직장생활을 성실히 하며 묵묵히 일했습니다. 하지만 승진 심사에서는 떨어질 것이라 생각하고 기대도 하지 않았습니다. 그런데 막상 승진 심사 결과가 발표되자 뜻밖의 일이 벌어졌습니다. 그리스도인인 그가 승진이 된 것이었습니다. 바르게 사는 그의 모습이 상사의 마음을 움직인 것입니다.

세상에 마음을 빼앗겨 산 것은 지나간 때로 족하고, 앞으로가 중요합니다. 하나님께 이 시대의 흐름을 거스를 용기를 달라고 간구해야 합니다. 우리는 세상과 달라야 합니다. 키르케고르Sören Kierkegaard는 예수 그리스도가 신앙의 목적이 되어야 한다고 말했습니다. 예수님을 믿든지, 심판을 받든지 선택은 둘 중 하나입니다.

요셉은 애굽에 팔려가 총리가 되기까지 갖은 유혹을 받았지만 하나님 앞에서 정결함을 지킴으로써 자신을 구하고, 형제들을 구하고, 더 나아가 이스라엘을 구할 수 있었습니다. 우리가 다르게 구별되어 살면 후세대들도 하나님의 축복 가운데 살 것입니다.

프린스턴대학교 1대 총장을 지낸 조나단 에드워즈의 가문은 시대의 음란을 이겨내고 영적 각성을 통해 남다르게 살았습니다. 그들 가운데 임한 영적 깊이는 학문의 발전에 큰 기여를 했으며, 교회사에 위대한 업적을 남겼습니다. 우리도 세상 사람들과 구별되고 하나님의 깊은 은혜를 체험하는 자들이 되어야 할 것입니다. 그런 마음으로 생명의 전사가 되어 시대의 역할을 감당할 때 하나님이 큰 자비를 베풀어주실 것입니다.

"이를 위하여 죽은 자들에게도 복음이 전파되었으니"_벧전 4:6.

베드로는 예수를 믿지 않는 사람들, 허물과 죄로 죽은 사람들에게도 복음이 증거 되었다고 말합니다. 하나님은 죽은 자들에게까지 은혜를 베푸시는 분입니다. 원래 영적으로 허물과 죄로 죽었던 우리는 주님의 복음으로 마음의 갑주를 입게 되었습니다. 우리는 정결한 마음을 가짐으로 주님 앞에서 멀어지지 말고 주의 성령 가운데 늘 있어야 할 것입니다.

기도 ● PRAYER

하나님 아버지, 우리 모두에게는 잘못된 육체의 중독성이 있습니다. 여기서 벗어나 자유함을 얻을 수 있도록 도와주옵소서. 주님과 같은 마음으로 심령에 갑옷을 입고, 이 사회에 만연한 죄로부터 우리 자녀들과 교회를 지킬 수 있는 생명의 전사들이 되게 하옵소서. 젊은이들이 육체의 정욕으로부터 자신을 지킬 수 있도록 도와주시고, 우리의 미래를 빛낼 요셉과 조나단 에드워즈 같은 인물들이 배출될 수 있도록 인도해주옵소서. 예수 그리스도의 이름으로 기도드립니다. 아멘.

베드로전서 4:7-11

⁷만물의 마지막이 가까이 왔으니 그러므로 너희는 정신을 차리고 근신하여 기도하라 ⁸무엇보다도 뜨겁게 서로 사랑할지니 사랑은 허다한 죄를 덮느니라 ⁹서로 대접하기를 원망 없이 하고 ¹⁰각각 은사를 받은 대로 하나님의 여러 가지 은혜를 맡은 선한 청지기같이 서로 봉사하라 ¹¹만일 누가 말하려면 하나님의 말씀을 하는 것같이 하고 누가 봉사하려면 하나님이 공급하시는 힘으로 하는 것같이 하라 이는 범사에 예수 그리스도로 말미암아 하나님이 영광을 받으시게 하려 함이니 그에게 영광과 권능이 세세에 무궁하도록 있느니라 아멘

1 PETER

16장

마지막 때를 준비하는 그리스도인

"완전한 용서를 실천하며, 뜨겁게 사랑하여 허다한 죄와 허물을 덮는다면
그 누구보다도 하나님이 가장 기뻐하실 것입니다."

역사의 종말과 개인의 종말

우리는 세상이 끝날 것 같지 않은 착각 속에 살 때가 많습니다. 내 삶
이 평생 이어질 것 같고, 예수님의 재림에 대해서는 생각하지 못합니다.
이렇게 무뎌지고 방심하며 살 때에 사도 베드로의 엄중한 경고는 우리의
정신을 번쩍 깨웁니다.

"만물의 마지막이 가까이 왔으니 그러므로 너희는 정신을 차리고 근신하여
기도하라" _벧전 4:7.

"만물의 마지막"이라는 말은 두 가지 의미를 내포합니다. 하나는 예수
그리스도의 재림을 통한 역사의 종말이고, 또 하나는 하나님 앞에서 맞

는 인생의 종말입니다. "마지막"이라는 말에는 인생이 끝날 때에 하나님이 말씀하신 그분의 목표와 약속을 이루어주신다는 의미가 담겨 있습니다. 주님의 말씀을, 예수님의 재림을 통한 역사의 종말과 개인의 종말을 통해 확증하신다는 것입니다.

신약성경 곳곳에 있는 다시 오실 예수 그리스도에 대한 내용은 우리를 환기시켜줍니다. 사도 바울은 빌립보서 4장에서 관용하라고 말합니다. 그 이유는 주님이 가까우시기 때문입니다. 또한 야고보서 5장에서는 우리가 서로 원망하지 않고 살아야 할 이유가 심판주가 문밖에 서 계시기 때문이라고 말합니다.

"너희 관용을 모든 사람에게 알게 하라 주께서 가까우시니라"_빌 4:5.
"너희도 길이 참고 마음을 굳건하게 하라 주의 강림이 가까우니라 형제들아 서로 원망하지 말라 그리하여야 심판을 면하리라 보라 심판주가 문밖에 서 계시니라"_약 5:8-9.

이외에도 성경 곳곳에서 예수 그리스도께서 알파와 오메가가 되셔서 이 땅에 다시 오실 것이라는 사실을 말하고 있습니다. 예수님이 다시 오실 때에 이 세상은 끝을 맞이하게 됩니다. 그것은 이 땅의 역사가 끝이 난다는 의미입니다. 그때에 하나님이 약속하신 모든 일들이 완성을 이루게 될 것입니다.

이러한 역사의 종말과 함께 생각해야 할 것이 바로 개인의 종말입니다. 개인의 종말에 대해 우리 현대인들이 갖는 위기가 있습니다. 그것은 죽음의 긴박성과 심각성을 외면하는 종말 의식의 부재입니다. 모든 사람에게 죽음은 첫 경험이자 마지막 경험입니다. 죽음은 할부가 아니라 일시불로 찾아오는 것입니다. 인생에 있어서 두 번, 세 번의 기회가 주어지는 것들이 간혹 있지만 죽음은 재기의 기회가 없습니다. 피할 길이 없는 것입니다. 따라서 죽음에는 절박성이 있습니다.

많은 사람들이 지난 2천 년 동안 기독교가 끊임없이 이야기한 것을 무시하고 심각하게 생각하지 않았습니다. 그러나 죽음이 우리 등 뒤에 와 있을 때는 너무 늦습니다. 우리는 매일매일 다시 오실 예수님을 떠올리며 이 생명이 다하기 전에 청지기의 임무를 수행해야 할 것입니다.

종말을 대하는 삶의 자세

역사의 종말과 개인의 종말을 의식하고 사는 종말론적인 자세와 생명력 있는 신앙생활은 항상 밀접한 관계가 있습니다. 초대 교회의 능력이 나타난 때는 날마다 주님이 오시기를 고대하던 시기였습니다. 그러한 기대 때문에 초대 교회 성도들은 세속화되지 않고, 병들지 않고 어떤 핍박에도 살아남을 수 있었습니다.

하지만 이 종말론적 신앙의 긴박성을 포기하면서부터 세속화되고 세상과 결탁하여 중세 1,500년의 암흑시대가 찾아왔습니다. 오늘 21세기 사회를 살고 있는 우리는 정신을 바짝 차리고 예수님의 재림을 기다리며 종말에 대한 진정성에 눈떠야 합니다. 그래야 우리의 영과 믿음이 새롭게 바뀔 것입니다.

"또한 너희가 이 시기를 알거니와 자다가 깰 때가 벌써 되었으니 이는 이제 우리의 구원이 처음 믿을 때보다 가까웠음이라"_롬 13:11.

우리가 아무리 종말에 대한 의식이 둔감할지라도 사도 베드로나 사도 바울이 살았던 그 시대보다는 더 가까이 와 있다는 사실은 알 것입니다. 주님의 재림과 개인의 종말이 가까워진 것을 우리가 깨닫는다면 우리 삶의 방식도 변화되어야 합니다.

"죽은 자들은 여호와를 찬양하지 못하나니 적막한 데로 내려가는 자들은 아무도 찬양하지 못하리로다"_시 115:17.

매일매일 삶을 꾸려나가는 것이 힘겨운 사람들이 있습니다. 그런 사람들은 살아갈 이유가 무엇인가에 대해 고민하게 됩니다. 그러나 우리 그리스도인들은 사는 것의 목적이 주님이 됩니다. 살면서 주님을 찬송한다면 반드시 길이 열립니다.

그렇다면 주님을 목적으로 삼고 우리가 종말을 향해 걸어가면서 해야 될 일은 무엇일까요?

첫째, 정신을 차리고 근신하여 기도하는 것입니다. 역사의 종말과 개인의 종말 앞에서 우리는 새로운 삶의 방식을 따라 우선순위를 바로잡아야 하는데, 그것이 바로 기도입니다. 이 말은 영적 각성과 기도가 따라와야 한다는 것입니다. 오늘날 우리는 정신없이 급속하게 돌아가는 시대를 살고 있습니다. 그로 인해 많은 사람들이 삶의 중압감과 스트레스를 받아 휘청거립니다. 이런 상황에서는 올바른 관점으로 사물을 보기가 힘듭니다.

"정신을 차리고 근신하여"라는 말은 정신을 차리고 난 다음에 올바른 영적 관점으로 사물을 바라보라는 의미입니다. 여기서 "정신"이라는 단어는 마가복음 5장에도 나옵니다.

어느 날 예수님이 지나가시다가 귀신 들린 자를 만나셨습니다. 귀신 들린 자는 군대 귀신이 들려서 미친 듯이 소리를 지르고 돌로 자기의 몸을 해쳤습니다. 그가 예수님께 달려와 "하나님의 아들 예수여 … 나를 괴롭히지 마옵소서" 하자 예수님이 귀신 들린 자에게 "더러운 귀신아 그 사람에게서 나오라"고 하셨습니다. 그러자 그에게서 더러운 군대 귀신이 나와 돼지 떼로 들어갔고, 돼지 떼는 바다를 향해 비탈을 내리달아 물속으로 뛰어들어 죽었습니다. 그렇게 귀신이 나가자 귀신 들린 사람은 정신이 온전해졌습니다막 5:15.

여기서의 "정신"은 베드로전서에 나오는 "정신"과 같은 단어입니다. 이처럼 정신이 온전하지 못하면 제대로 된 기도가 나오지 않습니다. 성경에서는 기도에 대해 이렇게 말합니다.

"사랑하는 자들아 너희는 너희의 지극히 거룩한 믿음 위에 자신을 세우며 성령으로 기도하며"_유 1:20.

우리는 그냥 기도하는 것이 아니라 성령으로 기도해야 합니다. 성령으로 기도하는 것이 바로 정신을 차리고 기도하는 것입니다. 성령님은 우리의 삶을 통제하시고 주관하시며, 그분의 생각과 능력을 우리에게 주십니다. 또한 우리를 위해 하나님의 뜻대로 친히 간구해주십니다. 이러한 성령이 우리에게 임하여 우리의 심령을 만져주시고 새롭게 하시면 우리가 온전한 정신으로 주님이 원하시는 기도를 드릴 수 있게 됩니다.

둘째, 뜨겁게 서로 사랑하는 것입니다.

"무엇보다도 뜨겁게 서로 사랑할지니 사랑은 허다한 죄를 덮느니라"_벧전 4:8.

기도도 중요하지만 기도를 제대로 할 수 있도록 더 뜨겁게 사랑하는 것이 필요합니다. "뜨겁게"라는 말의 헬라어는 단거리 육상선수가 100미터를 전력질주하는 것 같은 뜨거움, 경주마가 전속력으로 달려나가는 것 같은 뜨거움의 의미를 갖고 있습니다. 우리는 단거리 달리기 선수처럼 온 힘을 집중해 전심으로 뜨겁게 사랑해야 합니다.

뜨겁게 하는 사랑은 허다한 죄를 덮습니다. 어떤 한 사람이 다른 사람 앞에 서 있으면 그의 몸 때문에 완전히 가려 뒷사람이 보이지 않는 것처럼 예수님은 우리의 죄를 주의 거룩하신 몸으로 가려주셨습니다. 우리는 이러한 예수님의 사랑을 실천하며 세상 사람들의 죄를 용서하고 그것으로부터 벗어나게 해야 합니다. 진정한 사랑은 다른 사람의 허물을 가려주는 것입니다.

"미움은 다툼을 일으켜도 사랑은 모든 허물을 가리느니라"_잠 10:12.

우리는 허물 많은 인생입니다. 사랑으로 덮고 용서하지 않으면 온전하게 설 수 있는 사람이 몇이나 될까요? 우리는 하나님의 크신 은혜가 아니면 모두 불쌍한 인생들입니다.

허물을 다 덮는 사랑은 아가페적 사랑입니다. 아가페적 사랑은 의지적인 사랑입니다. 하나님이 그분을 믿는 자를 의지적으로 사랑하기로 결정하셨기에 구원의 역사가 나타나게 된 것입니다. 그렇기 때문에 우리 역시 의지적인 사랑에 집중할 필요가 있습니다. 상대방을 위해 기꺼이 자신을 희생할 수 있는 마음을 갖는 것 말입니다.

C. S. 루이스의 《네 가지 사랑》이라는 책에 이런 구절이 나옵니다. "사랑한다는 것은 상처받을 수 있는 위험에 자신을 노출시키는 행위다."

'내가 사랑으로 허물을 덮겠다'는 마음은 그 자체만으로 자신이 상처받을 수 있는 입장이 되는 것입니다. 무엇이든지 우리가 사랑하게 되면 분명 마음 아픈 일이 생기고, 급기야 부서질 수도 있습니다. 그러므로 내 마음이 상처를 받고 손상되는 것이 두렵다면 누구에게도 사랑을 주어서는 안 되고, 철저히 관계를 차단하고, 내 마음을 이기심이라는 상자 안에 넣어두면 됩니다.

그러나 이렇게 사는 것이 무슨 의미가 있을까요? 그것은 진정 살아 있는 것이라고 할 수 없습니다. 그런 삶은 감동도 없고, 치유도 없고, 변화도 없습니다. 마음이 넓어지지 않고, 인격이 다듬어지지 않고, 성숙의 향기도 풍겨나지 않습니다.

우리가 상처를 받아도 사랑하는 이유는, 주님이 주신 생명 가운데 우리가 살고 있기 때문입니다. 우리에게 주님의 귀한 생명이 있기 때문에 상대방의 허물을 덮고 사랑할 수 있는 것입니다.

누군가 우리를 부당하게 취급하면 우리는 두 가지 선택을 할 수 있습니다. 하나는 사랑으로 그를 용서하는 것이고, 또 하나는 미움으로 그를 헐뜯고 생채기를 내는 것입니다. 미움이 약점을 드러내고 모욕을 주는 것이라면, 사랑은 허물을 덮어주는 것입니다.

사랑이 있으면 용서가 있고, 용서가 있으면 침묵이 있습니다. 사랑을 실천하는 사람은 죄를 오랫동안 기억하지도 않고 입도 무겁습니다. 사랑은 허다한 죄를 덮는다고 했기 때문에 친구들이 배신해도 실망하지 않습니다. 사랑이 있으면 약속이 지켜지지 않아도 놀라지 않습니다. 부당하게 비판을 받아도 사랑이 있으면 속상해하지 않습니다. 그저 잠잠히 침묵할 수 있습니다. 허다한 죄와 허물을 사랑으로 덮으면서 말입니다. 이러한 사랑은 비단 예수님께만 있는 것이 아닙니다. 우리 안에서도 일어날 수 있습니다. 예수님이 우리와 함께하시기 때문입니다.

이런 허물을 덮는 사랑이 우리 가정과 교회에도 절실히 필요합니다. 가정에서는 남편과 아내가 서로 허물을 덮어주어야 살아갈 수 있습니다. 성공적인 결혼생활은 서로의 허물을 덮어줄 때 가능합니다. 사사건건 트집을 잡고 잘못을 드러내 구박하는 가정이 온전히 서는 것을, 저는 보지 못했습니다.

교회도 마찬가지입니다. 성도들이 사랑으로 서로의 허물을 덮어주어야 하고 다시 한 번 바로 서도록 사랑으로 도와야 합니다. 그래야 교회가 살아남을 수 있습니다.

이것을 가장 잘 보여주는 예가 고린도 교회입니다. 고린도 교회는 유대인 장사꾼들, 떠돌이 집시들, 그리스도인들, 매춘부들, 이교도 우상 숭배 출신들이 다 모여 분열을 일삼고, 세상에서조차 하지 않는 음란하고 부도덕한 일들을 자행했습니다. 성만찬을 무법천지로 만드는 사람들 때문에 고통하고 신음하는 교회였습니다. 이에 대해 사도 바울은 단호하게 질책하고 경고했지만, 그것만이 전부는 아니었습니다. 그가 이야기하고자 하는 핵심은 문제가 많은 고린도 교회가 살아남기 위해서는 아가페적 사랑에 눈을 떠야 한다는 것이었습니다.

> "사랑은 오래 참고 사랑은 온유하며 시기하지 아니하며 사랑은 자랑하지 아니하며 교만하지 아니하며 무례히 행하지 아니하며 자기의 유익을 구하지 아니하며 성내지 아니하며 악한 것을 생각하지 아니하며 불의를 기뻐하지 아니하며 진리와 함께 기뻐하고 모든 것을 참으며 모든 것을 믿으며 모든 것을 바라며 모든 것을 견디느니라"_고전 13:4-7.

고린도 교회에 선포되었던 사랑의 메시지가 오늘날의 한국 교회에도 똑같이 주어지는 메시지임을 기억해야 합니다. 우리는 이 사랑을 실천하며 교회를 회복시킬 의무가 있습니다. 우리의 삶 곳곳에 사랑의 공식을 적용하여 죄와 허물을 덮는 강력한 사랑을 보여주어야 합니다.

우리의 삶 구석구석마다 죄가 있고 허물이 있습니다. 그런 죄와 허물이 만천하에 드러나면 그 누가 제대로 살아갈 수 있겠습니까? 날마다 맺는 수많은 관계 속에서 나의 의가 솟아오르고, 그것이 상대방을 아프게 하는 허물로 작용할 때, 하나님이 그 죄들을 모조리 덮어주시지 않는다면, 우리는 부끄러워 하나님 앞에 감히 설 수 없을 것입니다.

우리는 무조건 다른 이들의 허물을 덮어주어야 합니다. 그러나 그것은 우리가 억지로 끌어낸 사랑이 아닌 주님이 주신 사랑으로 가능합니다.

상대방이 자신의 잘못을 모르는데도 용서하고 죄를 덮어주는 일은 결코 쉽지 않습니다. 생각하면 억울하고, 내가 참고 인내하는 것이 바보 같고 소용없는 짓이라 여겨질 때도 있습니다. 하지만 심판은 주님께 있으니 그런 하나님의 주권을 기억하기 바랍니다. 하나님은 공의의 하나님이십니다.

완전한 용서

영국의 웨스트민스터 채플의 담임목사였던 R. T. 켄달R. T. Kendall은 이런 이야기를 했습니다. "다른 사람이 회개하기를 기다린다면 평생을 기다려야 할 것이다." 다른 사람이 회개할 때 내가 그를 용서하고 허물을 덮어주겠다고 마음먹는다면 평생 허물을 덮을 수가 없을 것입니다. R. T. 켄달 목사의 말처럼 인간은 회개를 잘 안 하기 때문입니다.

우리에게 상처를 준 사람들은 종종 그 사실을 모르고 있을 수 있습니다. 그에게 잘못한 것을 일깨워주려고 하면 오히려 싸움이 일어납니다. 그러니 우리는 하나님을 믿고 상대방을 용서해야 합니다. 이 용서를 '완전한 용서'라고 말할 수 있습니다. 완전한 용서에는 여섯 가지가 포함됩니다.

첫째, 누군가 나에게 상처 준 사실을 아무에게도 말하지 않습니다.

둘째, 나에게 상처 준 사람을 협박하지 않습니다.

셋째, 나에게 상처 준 사람이 자책감을 느끼게 하지 않습니다.

넷째, 나에게 상처 준 사람의 체면이 서게 합니다.

다섯째, 어느 때까지가 아니라 무기한으로 용서합니다.

여섯째, 나에게 상처 준 사람을 축복하고 그를 책임에서 해방시켜줍니다.

이렇게 완전한 용서를 실천하며, 뜨겁게 사랑하여 허다한 죄와 허물을 덮는다면 그 누구보다도 하나님이 가장 기뻐하실 것입니다. 그리고 우리가 허물을 덮어준 사람을 어떻게 해서든지 바른 길로 인도하실 것입니다.

진짜 사랑은 내가 받을 상처조차 감수하는 것입니다. 그 상처가 두려워 이기심이라는 작은 상자에 사랑을 넣어두지 말고, 상처받더라도 사랑으로 살아내기를 바랍니다.

선한 청지기의 삶

정신을 차리고 근신하여 기도하고, 서로 사랑하여 허물을 덮으면 우리에게 두 가지 결과가 생깁니다.

첫째, 서로 대접하기를 원망 없이 하게 됩니다벧전 4:9. 이 말씀은 사랑의 대접을 내 주변에 있는 그리스도인들뿐만 아니라 다른 사람들에게까지 확대하라는 의미입니다. 다시 말해 사랑하게 되면 무엇보다 낯선 사람들을 구제해야 한다는 것입니다. 구제의 조건은 원망 없이 하는 것입니다. 이는 사랑의 뜨거움을 갖지 않은 사람은 할 수가 없습니다.

초대 교회 시절에는 여관이나 숙소가 제대로 없었습니다. 그래서 전도 자들이 여러 곳을 다니며 복음을 전할 때에는 성도들의 집에 머무는 경우가 많았습니다. 그러나 이런 일들이 반복되면 누구나 지치기 마련입니다. 개인의 사생활이 보장되어야 할 집이 외부 사람들이 자주 들락날락거리는 곳으로 변한다면 그 누가 지치지 않겠습니까? 그러니 자연히 원망의 소리가 나왔을 것입니다. 하지만 뜨겁게 서로 사랑하는 사람은 원망 없이 집을 공개하고, 하나님의 사역을 위해 자신의 집을 내어주는 경지까지 올랐을 것입니다.

초대 교회 성도들처럼 우리의 집을 모두 내놓으라는 말은 아닙니다. 하지만 예쁜 꽃이 가득한 정원을 가꾸거나, 좋은 그림들을 걸어놓고 갤러리처럼 꾸미거나, 멋진 그릇이나 가구를 들여놓게 되면 선교사 한 가정이라도 초대해서 집을 개방하고 맛있는 저녁을 대접해보라고 저는 권하고 싶습니다. 단지 개인의 취향으로만 채우는 집이 아니라 하나님의 사역을 위해 사용할 수 있다면, 분명 하나님이 주시는 특별한 은혜를 체험할 것이라고 믿습니다.

제가 미국에 있을 때 김동명 목사님과 안이숙 사모님이 개척하신 교회를 같이 섬긴 적이 있습니다. 교회를 개척하고 10여 년 동안 그분들이 얼마나 많은 이들을 집으로 초대하고 대접하는지를 옆에서 보았습니다. 그래서 사람들 사이에서 목사님 사택이 '동명관'이라고 불릴 정도였습니다. 저도 그때 깨달은 것이 많아 이후 저희 집에 있는 방을 선교사님들이 편하게 지낼 수 있도록 내어드렸습니다.

어느 누구나 집은 남과 분리되어 최대한 편안하게 쉬고 싶은 공간이기를 원할 것입니다. 그러나 그리스도인의 집은 사역을 위해 개방하는 나

눔의 공간으로 사용되어 하나님의 사랑을 꽃피워야 합니다.

둘째, 하나님의 은혜를 맡은 선한 청지기로 봉사하는 것입니다^{벧전 4:10}. 선한 청지기의 봉사는 두 가지로 이루어집니다. 하나는 하나님의 말씀을 전하는 것이고, 또 하나는 하나님이 주신 것으로 남을 섬기는 것입니다. 하나님이 주신 것이란 은사를 말합니다. 즉, 말씀으로 섬기는 봉사와 하나님이 주신 은사로 섬기는 봉사를 말합니다. 하나님의 청지기인 우리는 늘 어느 곳에서나 하나님의 말씀을 전하고, 받은 은사로 이웃을 섬겨야 합니다.

하나님은 우리에게 각양각색의 은사를 주셨습니다. 우리는 그 은사를 잘 사용하여 교회학교 교사로 섬기기도 하고, 주차 사역을 하고, 찬양대 사역을 하고, 교회 안내를 하고, 의료 봉사를 합니다. 이런 봉사를 통해 하나님의 사랑이 뿜어져 나가고, 선한 청지기같이 일할 수 있는 능력을 얻게 됩니다.

가톨릭교회는 예수님과 마리아의 형상이 조형물로 만들어져 있습니다. 그러나 우리 기독교는 그런 조형물이 없습니다. 우리 자체가 예수님의 손과 발이요 눈과 귀이기 때문입니다. 우리는 하나님의 부르심을 받은 소명자요 왕 같은 제사장입니다. 그러므로 우리는 주님의 손과 발이 되고, 눈과 귀가 되어야 합니다. 그리스도의 몸의 일부가 되어 은사대로 봉사하는, 주역의 역할을 다해야 하는 것입니다. 이것이 오늘날 개혁 교회의 중요한 특징입니다. 우리가 주님의 손과 발의 역할을 감당할 때 하나님의 뜨거운 사랑이 펼쳐지리라 확신합니다.

하나님은 이 땅에 예수 그리스도를 보내심으로 말미암아 우리를 향한 뜨거운 사랑을 보여주셨습니다. 그리고 예수님은 우리 교회를 뜨겁게 사랑하심으로 말미암아 성령님을 보내주셨습니다. 또한 성령님은 교회를 뜨겁게 사랑하시며 세상으로 보내십니다. 우리 그리스도인들이 선한 청지기로서 세상을 향해 나아가게끔 힘을 주시는 것입니다.

우리는 성부, 성자, 성령의 하나님을 기억하며 그분이 이 땅에 뜨거운 사랑을 펼쳐주신 것처럼 우리의 일뿐만 아니라 주의 몸 된 교회를 통해 시대를 향한 뜨거운 사랑을 펼칠 수 있어야 합니다.

"이는 범사에 예수 그리스도로 말미암아 하나님이 영광을 받으시게 하려 함이니" _벧전 4:11.

사람은 어떤 직분을 가지고 영광을 받는 것이 아닙니다. 범사에 내가 아는 모든 일들을 통해 하나님께 영광을 올려드리면 그분께 영광과 권능이 세세에 무궁하도록 있을 것입니다. 이러한 하나님의 영광과 능력이 우리의 심령을 충만하게 감싸주리라 믿습니다.

기도 ● PRAYER

하나님 아버지, 무엇보다 뜨겁게 서로 사랑하고, 원망 없이 봉사함으로 말미암아 은사대로 주님을 섬기는 선한 청지기가 되게 도와주옵소서. 그리하여 우리 모두 세상을 향해 보내심을 받은 소명자가 되게 하시고, 남은 인생 동안 하나님께 영광 돌리는 인생이 되도록 인도해주옵소서. 인생을 허비하지 말고 종말 의식을 가지고 주님을 지혜롭게 섬기는 신실한 청지기가 되게 하옵소서. 예수 그리스도의 이름으로 기도드립니다. 아멘.

"진짜 사랑은 내가 받을 상처조차 감수하는 것입니다.
그 상처가 두려워 이기심이라는 작은 상자에 사랑을 넣어두지 말고,
상처받더라도 사랑으로 살아내기를 바랍니다."

베드로전서 4:12-19

¹²사랑하는 자들아 너희를 연단하려고 오는 불 시험을 이상한 일 당하는 것같이 이상히 여기지 말고 ¹³오히려 너희가 그리스도의 고난에 참여하는 것으로 즐거워하라 이는 그의 영광을 나타내실 때에 너희로 즐거워하고 기뻐하게 하려 함이라 ¹⁴너희가 그리스도의 이름으로 치욕을 당하면 복 있는 자로다 영광의 영 곧 하나님의 영이 너희 위에 계심이라 ¹⁵너희 중에 누구든지 살인이나 도둑질이나 악행이나 남의 일을 간섭하는 자로 고난을 받지 말려니와 ¹⁶만일 그리스도인으로 고난을 받으면 부끄러워하지 말고 도리어 그 이름으로 하나님께 영광을 돌리라 ¹⁷하나님의 집에서 심판을 시작할 때가 되었나니 만일 우리에게 먼저 하면 하나님의 복음을 순종하지 아니하는 자들의 그 마지막은 어떠하며 ¹⁸또 의인이 겨우 구원을 받으면 경건하지 아니한 자와 죄인은 어디에 서리요 ¹⁹그러므로 하나님의 뜻대로 고난을 받는 자들은 또한 선을 행하는 가운데에 그 영혼을 미쁘신 창조주께 의탁할지어다

1 PETER

17장

고난의 때에 부는
은총의 바람

"우리 앞에 고난이 있다면 주님을 향해
영혼의 닻을 올려야 할 시간이라고 믿으십시오."

고난은 잠든 영혼을 깨우는 자명종

인생을 지혜롭게 산 현자들은 자신의 삶을 회고하면서 공통적으로 하는 고백이 있습니다. 삶에서 가장 중요한 것을 깨우쳐준 것은 성공도, 행복도 아닌 고난과 고통이었다는 것입니다. 삶의 순례를 진지하게 한 사람들은 이 말에 깊이 공감할 것입니다.

건강하고, 기쁘고, 은행의 예금 잔고가 충분할 때보다는 오히려 고난과 역경이 있을 때에 깨달음이 있고 삶을 성찰할 기회를 얻게 됩니다. 참으로 인생의 깊은 가르침을 얻으려면 고난의 학교에 입학해야 합니다. 우리 삶에서 고난은 크게 세 영역으로 나눌 수 있습니다. 첫째는 환경적으로 당하는 고난입니다. 둘째는 정신적으로 당하는 고난입니다. 셋째는 육체적으로 당하는 고난입니다.

환경적으로 당하는 고난을 경험한 신앙의 선배들 가운데에는 존 버니언John Bunyan이 있습니다. 그는 예수님 때문에 12년 동안 감옥살이를 했습니다. 신앙을 지키기 위해 가족을 떠날 때, 그 심정은 마치 뼈가 으스러지는 것처럼 아팠다고 했습니다. 그런데 고난을 통해 성경 다음으로 많이 읽힌 《천로역정》The Pilgrim's Progress이라는 대작이 탄생했습니다.

정신적으로 당한 고난의 예로는 윌리엄 쿠퍼William Cowper를 들 수 있습니다. 찬송가 258장 〈샘물과 같은 보혈은〉을 쓴 그는 우울증을 심하게 앓아 몇 번의 자살을 시도했습니다. 그러다 로마서 3장에서 복음의 신비를 깨닫고 구원의 확신을 얻어 삶이 변화되었습니다.

육체의 고난을 당한 사람으로는 데이비드 브레이너드David Brainerd를 들 수 있습니다. 그는 '인디언 선교의 아버지'라 불리는 위대한 하나님의 사람이었습니다. 22세 때 폐결핵에 걸렸지만 아랑곳하지 않고 인디언 선교를 하다가 29세에 하나님의 부르심을 받았습니다. 그가 남긴 유작 일기를 한 번씩 들춰볼 때마다 저의 신앙과 삶이 정화되는 것을 느낍니다.

일방적으로 고난을 맞이할 때 우리는 이 사실을 기억해야 합니다. 고난이라는 찡그린 얼굴 뒤에는 주님의 미소가 감춰져 있다는 사실 말입니다. 이것은 내 삶이 지금 어떤 형편이든지 간에 하나님의 주권적인 역사하심이 있다는 것입니다. 창세기에서 요셉이 고백한 내용을 보면 더 잘 이해할 수 있습니다.

"당신들은 나를 해하려 하였으나 하나님은 그것을 선으로 바꾸사 오늘과 같이 많은 백성의 생명을 구원하게 하시려 하셨나니" _창 50:20.

요셉은 가슴이 찢어지는 수많은 고난을 겪었습니다. 그런 그가 고백하기를, 하나님이 삶의 고난을 선으로 바꾸셨다고 했습니다. 자신을 이스라엘 백성들의 생명을 구원하는 축복의 근원으로 만들어주셨다는 뜻입니다. 하나님의 주권적인 역사에 눈이 열리는 순간입니다.

우리는 성경 말씀을 통해 고난에 대한 우리의 시각과 고정관념을 바꾸어야 합니다. 그리스도인이 고난을 바라보는 시각, 즉 고난관은 보통의 세상 사람들과는 달라야 합니다. 세상에서의 고난은 삶의 기준이 달라지고 전환점이 되는 기회가 됩니다. 그러나 우리에게는 그 이상의 의미가 있습니다. 고난은 우리에게 영혼의 자명종과 같습니다. 하나님 앞에 다시금 우리의 영혼을 깨우는 시간이 되는 것입니다. 다시 말해 세상에 짓눌려서 희미해진 하나님과의 관계를 회복하는 시간이 될 수 있습니다. 세상을 향해 달려가는 영혼의 방향을 다시 하나님 앞으로 돌려놓는 것입니다. 이런 의미에서 고난의 시간은 은총의 바람이 부는 때라고 할 수 있습니다.

우리 앞에 고난이 있다면 주님을 향해 영혼의 닻을 올려야 할 시간이라고 믿으십시오. 은총의 바람을 향해 영혼의 닻을 올려야 합니다.

고난에 동참하는 그리스도인의 자세

베드로전서 4장 19절은 우리가 고난에 대해 어떻게 반응해야 하는지를 압축해서 말씀하고 있습니다.

"그러므로 하나님의 뜻대로 고난을 받는 자들은 또한 선을 행하는 가운데에 그 영혼을 미쁘신 창조주께 의탁할지어다" _벧전 4:19.

첫째, 살면서 힘든 일이 있다면 실오라기 하나라도 하나님께 맡기는 믿음이 있어야 합니다. 고난은 우리의 인격을 참되게 다듬어줍니다. 고난에 대해 이상하게 여기지 않을 정도로 성숙시키는 것입니다.

A.D. 64년 여름, 로마는 보름 동안 화염에 휩싸였습니다. 불길은 로마의 작은 골목, 큰 골목에까지 확산되어 로마 시내를 뒤덮었습니다. 당시의 지도자인 폭군 네로는 로마를 새롭게 해봐야겠다는 마음을 가지고 불을 질렀습니다. 군인들이 그 불을 끄기는커녕 오히려 부채질을 해서 순식간에 도시가 잿더미로 변하고 말았습니다. 이 화재로 평생 모은 재산을 다 잃은 로마 시민들은 실의에 빠졌습니다. 민심은 나날이 흉흉해졌습니다. 황제를 향해 공격하기 시작하자, 네로는 그리스도인들이 화재의 주범이라고 덮어씌웠습니다.

그 당시는 반유대주의가 극성이었습니다. 기독교를 유대주의의 일파로 생각한 사람들은 화재의 책임을 그리스도인들에게 돌렸습니다. 이로 인해 그리스도인들이 큰 환난을 맞게 되었습니다. 사람들은 잔혹하게 핍박했습니다. 그리스도인들을 죽여 불을 밝히는 등불의 기름으로 쓰고, 동물의 가죽을 입혀 맹수의 먹이가 되게 했으며, 산 채로 사람을 못 박는 십자가형이나 잔인한 고문으로 죽였습니다. 그야말로 그리스도인들에게는 불같은 시험이었습니다.

우리 민족 역시 가슴 아픈 시절을 보냈습니다. 일제강점기와 6·25전쟁 기간에 신앙의 선배들이 심한 고초를 당했습니다. 예수를 믿는 신앙을 굳게 지키며 고통을 이겨낸 신앙의 선배들이 있었기에 한국 교회가 순교의 신앙으로 일어설 수 있었던 것입니다.

지금도 기독교를 향한 잔인한 핍박들이 이어지고 있습니다. 인도 중부의 보팔과 오리사 지역은 힌두교의 강력한 영이 역사하는 곳입니다. 그곳에서 그리스도인들이 붙잡혀 벽돌로 맞아 죽었습니다. 우리나라에서는 그런 핍박이 없지만, 예수님이 나의 절대적인 구원자이시며 유일한 구세주라는 고백으로 인해 지금도 세계의 여러 곳에서 공격이 계속되고 있습니다. 이런 어려움 가운데서 우리가 어떻게 행동해야 하는지 베드로는 다음과 같이 이야기합니다.

"사랑하는 자들아 너희를 연단하려고 오는 불 시험을 이상한 일 당하는 것 같이 이상히 여기지 말고"_벧전 4:12.

"사랑하는 자들아"라는 말은 하나님이 몹시 사랑하시는 자들이라는 뜻입니다. 이 말씀에는 목자가 자신의 양들에게 애정과 관심을 전달하는 간절한 마음이 담겨 있습니다. 사랑이 듬뿍 담긴 이 말은, 환난과 고통 가운데 있는 성도에게 하시는 하나님의 말씀입니다. 사도 베드로는 하나님이 우리를 몹시도 사랑하시기 때문에 고난을 주신다고 말합니다. 그러므로 고난을 당해도 이상하게 여기지 말라고 하는 것입니다. 하나님이 사랑하시므로 핍박을 당하고, 고난이 허락된다는 말입니다.

어떤 분이 갑자기 암에 걸렸습니다. 머지않아 하나님의 부르심을 받는다는 사실을 알게 된 그는 자신의 처지를 비관하고 하나님을 원망하기보다는 이런 고백을 했습니다. "많은 사람들이 암에 걸리면 '왜 나에게 이런 일이 생겼을까?'라고 질문합니다. 하지만 저는 오히려 '나라고 왜 암에 안 걸리겠어?'라고 생각했습니다. 그동안 저는 하나님께 많은 복을 받았습니다. 좋은 아내, 좋은 직장, 좋은 교회를 만나 분에 넘치는 축복을 누렸습니다. 그런데 어떻게 불평을 하겠습니까?"

우리는 불 시험과 고난을 당할 때 이상히 여기지 말아야 합니다. 이것이 고난을 대하는 성숙한 그리스도인의 인격이라고 할 수 있습니다. 자연은 그대로 내버려두면 대부분 회복되지만 인간은 가만히 두면 교만에 빠지고 망령된 자가 될 위험이 있습니다. 이런 이유로 하나님이 고난을 통해 우리의 인격을 다듬으시는 것입니다.

둘째, 고난은 우리를 주님께 더 가까이 가게 해줍니다. 우리 인격을 형성해줄 뿐만 아니라 주님과의 관계를 가깝게 해주는 것입니다.

"오히려 너희가 그리스도의 고난에 참여하는 것으로 즐거워하라 이는 그의 영광을 나타내실 때에 너희로 즐거워하고 기뻐하게 하려 함이라 너희가 그리스도의 이름으로 치욕을 당하면 복 있는 자로다 영광의 영 곧 하나님의 영이 너희 위에 계심이라"_벧전 4:13-14.

고난은 우리에게 축복을 가져다줍니다. 그것은 그리스도의 고난에 참여하는 축복으로, 그리스도의 영광을 나타내실 때에 우리로 하여금 즐거워하고 기뻐하게 해준다는 것입니다. 또한 그리스도의 이름으로 고난을 당할 때 영광의 영, 곧 하나님의 영이 우리 머리 위에 임하신다는 것입니다.

사도 베드로는 '그리스도의 고난에 참여한다'는 독특한 표현을 쓰고 있습니다. 여기서 '참여한다'는 말은 헬라어로 '코이노니아'koinonia 입니다. 코이노니아는 주로 교제한다는 의미입니다. 그러므로 그리스도인은 고난과 교제한다는 의미가 됩니다. 우리가 당하는 고난은 예수님과 더 친밀한 교제를 갖도록 만들어줍니다. 그 어떤 것도 고난만큼 우리를 주님께 더 가까이 다가가게 하지 못합니다. 따라서 예수님과 가까이 교제하는 가장 좋은 방법은 그분의 고난에 동참하는 것입니다.

또한 고난이 있을 때 기뻐한다고 했습니다.

"인자로 말미암아 사람들이 너희를 미워하며 멀리하고 욕하고 너희 이름을 악하다 하여 버릴 때에는 너희에게 복이 있도다 그날에 기뻐하고 뛰놀라 하늘에서 너희 상이 큼이라 그들의 조상들이 선지자들에게 이와 같이 하였느니라"_눅 6:22-23.

사도 바울은 고난이 있을 때 하늘에서 상을 받는다는 것을 알았습니다. 그래서 로마 감옥에서도 주 안에서 기뻐하라고 권면할 수 있었습니다. 신학자 앨리스터 맥그래스는 고난이 기쁨이 된다는 사실에 대해 깊은 깨달음을 보여줍니다. "신약성경은 이 세상에서 그리스도인이 받는 고난이 진짜 리얼하다고 말한다. 그렇다면 우리에게 주신 하나님의 약속과 영생의 소망과 장차 받을 영광도 진짜다."

그의 말처럼 고난이 진짜라면 앞으로 우리가 받을 영광과 상급도 진짜입니다. 고난이 가상이나 허구가 아니기에 하나님의 상급도 허구가 아니라는 것입니다. 진짜이기 때문에 아프고, 때로는 견디기 어려울 정도로 고통스럽습니다. 그러나 우리가 장차 받을 영광도 진짜이기 때문에 영적으로 기뻐하고 즐거워할 수 있습니다.

"우리가 잠시 받는 환난의 경한 것이 지극히 크고 영원한 영광의 중한 것을 우리에게 이루게 함이니"_고후 4:17.

우리가 받는 고난은 앞으로 받을 영광의 무게에 비하면 가볍습니다. 이것을 깊이 통찰하면서 주님이 주시는 참된 즐거움의 생수를 길어 올려야 할 것입니다.

여기서 가장 중요한 사실은 고난당하는 자들의 머리 위에 하나님의 영이 함께하신다는 것입니다. 다니엘의 세 친구가 풀무불에 들어갔을 때 하나님의 천사가 함께했습니다. 스데반이 죽음을 앞두고 돌에 맞아 고통 가운데서 복음을 전할 때, 하나님이 그의 눈을 여시어 하나님 우편에 서 계신 예수 그리스도의 찬란한 위엄과 영광을 보여주셨습니다. 안인숙 사모님은 예수님 때문에 겪은 감옥 생활 중에 고통도 따랐지만, 세상 어느 것과도 견줄 수 없는 아주 깊고 특별한 황홀경 같은 기쁨이 많았다고 고백합니다. 이처럼 고난당하는 자에게는 세상 사람들이 알 수 없는 하나님의 영광이 임합니다.

이 땅에서 살아가면서 주님께로 더 가까이 가기 위해 성경을 읽고, 찬양을 하고, 말씀을 듣고, 남에게 베풀고, 은사를 사용하는 방법도 있지만 무엇보다도 주님의 고난에 동참하는 것이 가장 강력합니다. 그 안에 여호와의 영이 임하시고 참 즐거움이 있습니다.

우리는 모두 고난의 학교에 자발적으로 들어온 학생들입니다. 그곳에서 정신적, 육체적으로 고난을 당하며 다듬어지고 있습니다. 고난이 운명이 되면 성숙해지는 법입니다. 그러면서 점점 주님께로 가까이 나아갑니다.

고난을 부끄러워하지 마라

"만일 그리스도인으로 고난을 받으면 부끄러워하지 말고 도리어 그 이름으로 하나님께 영광을 돌리라"_벧전 4:16.

'부끄럽다'란 단어에는 누구의 명예를 손상시킨다는 뜻이 들어 있습니다. 사도 베드로는 자신을 돌아보며 예수님을 세 번 부인한 일을 떠올렸습니다. 그것은 그에게 평생 치욕스럽고 부끄러운 일이었을 것입니다.

그리스도인이 겪는 고난은 악행이나 범죄로 받는 고난과는 다른 것입니다. 우리는 오직 예수님의 이름과 복음 때문에 고난을 받아야 합니다. 그래야만 고난 가운데서도 떳떳하고 당당할 수 있습니다.

"너희 중에 누구든지 살인이나 도둑질이나 악행이나 남의 일을 간섭하는 자로 고난을 받지 말려니와"_벧전 4:15.

사도 베드로는 고난을 통해 심판도 잘 감당할 수 있다고 말합니다. 고난은 하나님이 그분의 자녀들에게 베푸시는 은혜입니다. 따라서 심판의 날에 우리에게 임하는 심판도 잘 감당할 수 있게 됩니다.

"하나님의 집에서 심판을 시작할 때가 되었나니 만일 우리에게 먼저 하면 하나님의 복음을 순종하지 아니하는 자들의 그 마지막은 어떠하며 또 의인이 겨우 구원을 받으면 경건하지 아니한 자와 죄인은 어디에 서리요"_벧전 4:17-18.

창조주 하나님께 달린 그리스도인의 삶

"그러므로 하나님의 뜻대로 고난을 받는 자들은 또한 선을 행하는 가운데에 그 영혼을 미쁘신 창조주께 의탁할지어다"_벧전 4:19.

이 말씀은 우리가 가장 깊이 묵상하고 고민해야 할 부분입니다. 이는 우리의 삶을 창조주 하나님께 의탁하는 새로운 삶의 방식을 보여줍니다. 고난을 통해 창조주 하나님께 의탁하는 새로운 삶의 방식을 확인할 수 있다는 것입니다.

"하나님의 뜻대로 고난을 받는 자"라는 말은 그들이 받은 고난에 대해 용기를 주는 말씀입니다. 우리가 받는 고난은 하나님의 뜻입니다. 이 사실을 아는 그리스도인들은 자신의 영혼을 하나님의 보호하심과 뜻에 두어야 합니다. "의탁"이라는 말은 안전하게 재산을 보호해주는 대가를 위해 지불하는 보증금입니다.

고난을 통해 우리의 삶과 영혼을 맡길 분은 바로 미쁘신 창조주이시라는 사실을 기억하고 감사하십시오. 선을 행하는 가운데 받는 고통을 신실하신 창조주께 의탁하십시오. 우리는 창조주 하나님의 주권 아래에 있습니다. 그분은 우리 삶의 모든 어려운 형편과 문제를 아시고 그것을 해결해주실 것입니다. 우리는 그러한 고난을 통해 성숙해지는 것에만 집중하면 됩니다.

우리 삶의 혼돈은 미쁘신 창조주 하나님께 삶을 의탁하지 않을 때 생깁니다. 다윗은 자신을 핍박하는 사람들에 대해 원망하는 마음이 컸습니다. 그래서 원수들에게 보복을 해달라고 기도했습니다. 그런 분노에 휩싸였던 다윗은 미쁘신 창조주의 품 안에서 마음의 평안을 찾았습니다.

"나의 앞날이 주의 손에 있사오니 내 원수들과 나를 핍박하는 자들의 손에서 나를 건져주소서 주의 얼굴을 주의 종에게 비추시고 주의 사랑하심으로 나를 구원하소서"_시 31:15-16.

우리의 앞날은 미쁘신 창조주 하나님의 손에 있습니다. 이 말씀은 제가 하는 사역의 중요한 지표가 됩니다. 목회자의 삶을 돌아보면 부흥과 영광의 시기도 있지만, 동시에 시험과 고난의 시기도 많습니다. 그럴 때마다 모든 것이 주님의 뜻이라고 생각하고 받아들입니다. 고난 가운데 제 삶을 주님의 뜻대로 인도해달라고 기도합니다. 고난의 순간들은 제 정신을 일깨우고 맑게 해주는 자명종이 됩니다.

당장 문제가 해결되지 않고, 당장 고난이 그치지 않을지라도 하나님의 뜻대로 새로운 삶이 펼쳐질 것이라는 희망을 버리지 마십시오. 고난이 생기면 우리가 할 수 있는 일은 거의 없습니다. 그저 하나님께 기대고 기도하는 일만이 우리가 고난을 거뜬히 이겨내는 유일한 방법입니다.

언젠가 올림픽 유도 금메달리스트 김재범 선수에게 안수기도를 한 적이 있습니다. 그는 올림픽 시합 7개월을 앞두고 왼쪽 팔꿈치와 어깨와 손가락을 크게 다쳤습니다. 그전에는 하나님께 전적으로 매달린 적이 없었는데, 심각한 부상을 입고 나니 오직 하나님께만 의지하게 됐다고 합니다. 최고의 위기 순간에 매달릴 존재는 하나님밖에 없었던 것입니다. 고통의 시간은 오히려 그에게 하나님과 교제하는 기회를 안겨주었습니다. 그가 당한 고통의 시간은 절망이 아닌 하나님께 전적으로 의탁하는 계기가 되었습니다.

지금 인생의 팔과 어깨와 손가락을 다쳐 신음하는 분들이 있습니까? 그렇다면 미쁘시고 긍휼이 많으신 하나님께 모든 고통을 전적으로 맡기십시오. 그럴 때 주의 영이 우리 가운데 충만히 거할 것입니다. 고난에 흔들리지 말고 그 고난을 통해 주님이 원하시는 인격으로 빚어지십시오. 주님의 돌보심에 모든 것을 맡기는 주의 신실한 종이 되기를 간절히 소망합니다.

기도 ● PRAYER

하나님 아버지, 고난받으시는 주님을 생각하며 우리가 겪게 되는 고난을 바라봅니다. 고난을 통해 우리의 인격을 성숙하게 하시고, 주님과 더 친밀해지게 하시고, 참기쁨과 하나님의 영의 임재를 깨닫는 시간이 되게 도와주옵소서. 무엇보다도 고난을 통해 미쁘신 창조주 하나님께 우리 삶을 의탁하게 하옵소서. 예수 그리스도의 이름으로 기도드립니다. 아멘.

고난을 통해 우리의 삶과 영혼을 맡길 분은
바로 미쁘신 창조주이시라는 사실을 기억하고 감사하십시오.
그분은 우리 삶의 모든 어려운 형편과 문제를 아시고
그것을 해결해주실 것입니다.

베드로전서 5:1-4

¹너희 중 장로들에게 권하노니 나는 함께 장로 된 자요 그리스도의 고난의 증인이요 나타날 영광에 참여할 자니라 ²너희 중에 있는 하나님의 양 무리를 치되 억지로 하지 말고 하나님의 뜻을 따라 자원함으로 하며 더러운 이득을 위하여 하지 말고 기꺼이 하며 ³맡은 자들에게 주장하는 자세를 하지 말고 양 무리의 본이 되라 ⁴그리하면 목자장이 나타나실 때에 시들지 아니하는 영광의 관을 얻으리라

1 PETER

18장

영적 지도자가 얻을
영광의 관

"나는 부족하지만 어떻게든 생명력 있는 사역에 쓰임받으며 양들에게
풀을 먹여야겠다는 마음을 가진 사람이 바로 하나님의 마음을 가진 자요,
목자의 심정을 갖춘 자라고 할 수 있습니다."

그리스도의 고난의 증인

사도 베드로는 베드로전서 전체에 걸쳐 고난에 대해 이야기하고 있습니다. "그리스도인으로서 고난 앞에서 어떻게 반응해야 하는가?"가 베드로전서의 주제라 해도 과언이 아닐 것입니다.

2천 년 전부터 오늘에 이르기까지 예수 믿는 사람들을 핍박하는 일은 언제나 있어 왔습니다. 북나이지리아에서는 이슬람 차별주의자들이 한 마을에 들어가 기독교적인 이름을 가진 자들을 모아놓고 총살을 한 일이 있었습니다. 종교적인 다툼과 분쟁은 세계 도처에서 끝도 없이 일어납니다. 이런 때에 고난과 핍박을 이길 수 있는 중요한 비결 중의 하나는 좋은 영적 지도자를 만나는 것입니다.

캔터베리의 감독 조지 캐리George Carey 는 영적 지도자에 대해 이렇게 말

했습니다. "지도자가 죽으면 교회도 죽는다. 지도자가 추락하면 교회도 추락한다. 발전하는 교회에는 꿈꾸는 지도자가 있고 남을 성장하게 하는 지도자가 있다. 그리고 늘 꿈꾸며 깨어 있는 현명한 지도자가 있는 한, 교회는 고난을 이겨내는 귀한 도구가 될 것이다."

초대 교회의 성도들은 숱한 박해와 공격을 받았습니다. 정통 유대인들의 핍박과 더불어 이방인들의 핍박까지 더해지자, 수많은 그리스도인들이 칼에 죽거나 짐승의 먹이가 되거나 화형을 당하는 등 심한 고통 속에서 죽어갔습니다. 이런 고난의 시기를 이겨낼 수 있던 이유 중의 하나는 바로 신실한 장로들이었습니다.

"너희 중 장로들에게 권하노니 나는 함께 장로 된 자요 그리스도의 고난의 증인이요"_벧전 5:1.

그리스도의 고난의 증인이 된 교회 지도자들 때문에 초대 교회는 든든히 서서 그 모든 핍박과 고통을 이겨낼 수 있었습니다. 초대 교회는 겉으로는 핍박이 있었고, 내적으로는 이단들이 발호하고 득세했지만, 교회 지도자들이 외부의 핍박을 이겨내고 내부의 이단들로부터 성도를 보호했습니다.

오늘날은 교회의 외적 고통보다는 내적 고통이 더 많아졌다고 볼 수 있습니다. 교회 내부에서 일어나는 갈등과 반목, 고난과 상처가 많아서 신음하는 경우가 종종 있습니다. 이런 때일수록 좋은 영적 지도자들이 배출되어 하나님의 교회가 든든히 서야 할 것입니다. 우리는 하나님께 한국 교회에도 이런 지도자를 달라고 기도해야 합니다.

양 무리를 치는 목자의 임무

"너희 중에 있는 하나님의 양 무리를 치되" _벧전 5:2.

우리는 모두 양 무리를 치는 목자로 부르심을 받았습니다. 내가 평신도 지도자가 아니라고, 순장이 아니라고, 목회자가 아니라고 하며 이 말씀이 나와 아무 상관 없다고 생각하는 것은 잘못입니다. 우리는 예수 그리스도를 통해 왕 같은 제사장으로 부르심을 받았기에 책임감을 갖고 하나님이 원하시는 지도자의 자질을 키워야 합니다. 세상을 향해 보내심을 받은 소명자라는 인식이 우리에게 있어야 하는 것입니다.

예수를 믿게 되면서부터 우리는 세상 사람들의 주목을 받는 대상이 됩니다. 마치 높은 곳에 세워진 등대처럼 말입니다.

베드로전서 5장 1절에 나오는 "장로"는 헬라어로 '프레스부테로스' presbuteros 입니다. 이 말에서 '장로교' presbyterian 라는 말이 파생되었습니다. 헬라어의 원뜻은 '나이가 많다', '나이가 든 사람'입니다. 이 단어는 구약 시대부터 사용되었는데, 백성들을 이끄는 지식과 연륜이 있는 지도자라는 의미로 쓰였습니다. 장로는 백성들로부터 존경받는 사람이었는데, 초대 교회 때부터 교인들을 대표하는 분을 장로라고 불렀습니다.

여기서 좀 더 넓게 해석하면, 단순히 교회 안의 직분인 장로만을 의미하는 것이 아니라 목회자, 장로, 집사, 교사, 각 부서 리더 등 영적 지도력을 행사하는 모든 이들을 통칭하는 것입니다. 이들의 공통점이 있다면, 하나님의 양 무리를 친다는 것입니다.

'양 무리를 친다'는 말은 베드로 입장에서는 상당히 친숙한 표현입니다. 베드로가 예수님을 부인하고 나서 부활하신 예수님이 그를 찾아오셨을 때입니다. 예수님이 "네가 나를 사랑하느냐?"라고 물으셨을 때 베드로는 주님을 사랑한다고 대답했고, 그때 예수님이 "내 양을 먹이라! 내 양을 치라!"고 말씀하셨습니다.

베드로처럼 우리도 예수님으로부터 양을 치는 목자의 임무를 받았습니다. 우리는 목자의 인도를 받는 양인 동시에 또 다른 양을 치는 목자가 됩니다. 교회 지도자들은 양들을 먹이고, 인도하고, 보호하는 책무를 지녔습니다. 이것이 목자의 임무입니다.

성경에서 선한 목자는 양들을 위해 목숨을 버리고, 양들은 목자의 음성을 듣고 목자를 따른다고 했습니다. 양들은 스스로를 보호할 수 있는 능력도 없고, 방향 감각도 없습니다. 하지만 그런 양들에게는 목자만 있으면 두려울 것이 전혀 없습니다. 우리도 마찬가지입니다. 우리 혼자서는 세상 역경을 헤치고 나아가기가 힘듭니다. 나 혼자만의 힘으로 어떻게 할 수 없는 경우가 많기에 좋은 목자가 필요한 것입니다.

목자의 심정, 하나님이 인정하시는 영적 권위

지금 우리 한국에는 5만여 개의 교회가 있습니다. 그 교회들 가운데 하나님의 말씀에 비추어 좋은 교회가 있고, 그렇지 못한 교회가 있습니다. 물론 참 교회라는 판단은 우리가 함부로 내릴 수 있는 것이 아닙니다. 그것은 오직 하나님만이 평가하실 수 있습니다. 우리는 하나님이 보시기에 아름다운 교회가 될 수 있도록 부단히 노력하고 애쓰면 됩니다.

그렇다면 아름답고 좋은 교회가 되기 위한 매우 중요한 조건은 무엇일까요? 그것은 '하나님의 말씀에 의거한 건강하고 좋은 영적 리더십'입니다. 하나님의 말씀을 따르는 준비된 좋은 영적 지도자가 교회 안에 있어야 하는 것입니다. 하나님의 말씀대로 교회를 섬기면서 영적 권위가 서 있는 교회가 바른 교회요 좋은 교회의 지표입니다.

하나님이 인정하시는 좋은 영적 권위의 핵심은 바로 목자의 심정입니다. 훌륭한 영적 지도자가 되기 위해 갖추어야 할 덕목은 참 많습니다. 솔로몬의 지혜, 욥의 인내, 다윗의 용기, 호세아의 동정심, 느헤미야의 지도력, 여호수아의 전투력, 사도 바울의 열정, 사도 베드로의 사랑 등 수도 없습니다. 그런데 이들 위에 우뚝 서는 것이 목자의 심정입니다.

목자의 심정이란 우리를 향한 하나님의 마음입니다. 다윗은 광야에서 곰의 발톱과 사자의 이빨로부터 양들을 지키고 보호하기 위해 전력투구했습니다. 목자는 그런 존재입니다. 하나님의 심정으로, 예수님의 심정으로 목숨 걸고 양들을 지키는 것입니다.

목자의 심정은 아담이 범죄 하여 숨자, 하나님이 아담을 부르며 찾으셨을 때의 마음입니다. 하나님은 아담을 벌하시려는 것이 아니라 그가 회개하고 돌아오기를 바라셨습니다. 예수님이 말씀을 들으러 따라다니는 이스라엘 백성들을 위해 오병이어의 기적을 일으키신 것도 목자의 심정입니다. 탕자가 부모의 재산을 모두 써버리고 허랑방탕하게 살다가 집으로 돌아올 때 문 앞에서 기다리는 아버지의 심정이 바로 목자의 심정인 것입니다.

나는 부족하지만 어떻게든 생명력 있는 사역에 쓰임받으며 양들에게 풀을 먹여야겠다는 마음을 가진 사람이 바로 하나님의 마음을 가진 자요, 목자의 심정을 갖춘 자라고 할 수 있습니다.

목자의 세 가지 심정

사도 베드로는 목자의 심정에 대해 세 가지로 요약하여 이야기합니다.

첫째, 자원하는 마음입니다. 자원해서 하는 것은 바로 기독교가 주장해온 성도 개인의 양심의 자유라는 원칙과 일관되게 흐르는 근본 정신입니다. 강요와 억제와 억압이 아니라 자유와 자원함과 자발성과 기쁨의 마음을 뜻하는 것입니다.

1세기 초대 교회 때 지도자가 된다는 것은, 고난과 핍박을 당하는 데 앞장을 선다는 뜻이었습니다. 악한 이리 떼와 같은 이단들이 공격할 때 제일 먼저 총알받이가 되는 것이었습니다. 힘들고 어렵게 여행하며 전도하는 사람들을 제일 먼저 대접하는 이도 교회 지도자였습니다.

하나님의 일을 억지로 할 수는 없습니다. 목자의 심정으로 기꺼이 할 수 있는 마음이 허락되어야 가능한 것입니다.

둘째, 더러운 이득을 위해 하지 말고 기꺼이 하는 마음입니다. 탐욕처럼 지도자를 빨리 무너뜨리는 것은 없습니다. "더러운 이득"은 곧 돈에 대한 욕심을 경고하는 것입니다. 목자의 심정을 가진 지도자는 더러운 이득을 위해서 하지 말고 섬김을 위해서 해야 합니다.

이는 비단 물질에만 국한되는 것이 아닙니다. 자기 위치에서의 권력

남용도 더러운 이득에 포함됩니다. 교회에서 어떤 위치를 과시하기 위해 직분을 받는다면, 그것은 악한 지도력입니다. 참된 지도력은 더러운 이득을 취하지 않고 하나님께 대한 열정, 영혼에 대한 열정, 깊은 영생에 대한 열정으로 섬기는 것입니다.

셋째, 맡은 자들에게 주장하는 자세를 하지 말고 양 무리의 본이 되려는 마음입니다. 주장하는 자세는 권위주의나 선동하는 행위를 말합니다.

지도력에는 두 가지가 있는데, 하나는 요구하는 리더십이고, 또 하나는 지휘하는 리더십입니다. 요구하는 리더십은 일방적으로 자신의 말을 강요하는 리더십이고, 지휘하는 리더십은 직접 자신이 본을 보이는 것입니다.

우리는 어떤 종류의 지도자입니까? 지도자 직분을 어쩔 수 없이 섬기고 있습니까, 아니면 진심으로 섬기고 있습니까? 더러운 이득이나 권력을 위해 일하고 있습니까, 아니면 진정 성도를 섬기는 리더로 일하고 있습니까? 군림하는 지도자입니까, 아니면 예수님을 닮은 자로서 성도들에게 본을 보이는 사람입니까?

우리는 과연 참된 목자의 심정을 갖고 있는지 따져보아야 합니다. 그저 성경 공부를 많이 했다고, 성경을 여러 번 읽었다고, 나이와 연륜이 있다고 저절로 목자가 되는 것이 아닙니다. 세상의 지도자와 다른 원리로 적용되는 교회 안의 영적 지도자로 올바르게 서 있는지 자신을 성찰해보아야 할 것입니다.

영적 지도력의 핵심

좋은 영적 지도자를 세우기 위해서는 교회가 그 자질에 대해 신경을 써야 합니다. 우선 영적 지도자는 가르치기를 잘해야 합니다. 가르친다는 것은 성경 실력이나 성경 지식을 잘 가르친다는 개념보다는 말씀으로 영혼을 잘 섬기는 것을 말합니다. 한국 교회의 지도력이 병들고 부패하는 가장 큰 원인 중 하나는 말씀을 가지고 가르치는 일을 소중하게 여기지 않는 것입니다. 교회 리더를 세울 때 겉으로 드러나는 신앙 경력이나 사회적 지위, 경제적 능력 들을 더 중요하게 생각하는 것이 문제입니다.

사도 바울은 함께 사역하던 에베소 교회 장로들과 헤어질 때 이런 부탁을 했습니다.

"지금 내가 여러분을 주와 및 그 은혜의 말씀에 부탁하노니 그 말씀이 여러분을 능히 든든히 세우사 거룩하게 하심을 입은 모든 자 가운데 기업이 있게 하시리라"_행 20:32.

사랑하는 주님과 은혜의 말씀에 교회를 부탁하는 사도 바울을 볼 수 있습니다. 그는 교회 행정이나 운영에 대해 말하지 않고, 말씀으로 영혼을 섬기기 원했습니다.

이처럼 말씀으로 영혼을 섬기는 것은 매우 소중한 것입니다. 그리고 여기에는 세 가지 조건이 따릅니다.

첫째, 말씀을 가지고 영혼을 섬기는 것에는 겸손과 성숙이 있어야 합니다. 내가 다른 영혼들을 가르친다고 할 때 그냥 머리로만 공부해서 가르칠 수는 없습니다. 물이 고여서 썩지 않도록 계속해서 나 자신을 단련하고 성장해야 하며, 가르치는 입장에 있다고 교만하지 말고 겸손한 마음을 갖추어야 합니다. 삶으로 본을 보여야 하고, 매일 말씀을 묵상하면서 고정된 자신의 생각을 깨부숴야 합니다.

둘째, 진정한 권위는 말씀을 잘 가르치고 순종하는 데서 옵니다.

"잘 다스리는 장로들은 배나 존경할 자로 알되 말씀과 가르침에 수고하는 이들에게는 더욱 그리할 것이니라"_딤전 5:17.

우리는 평신도 지도자들이나 교회 어른들을 존경해야 하는데, 특별히 말씀과 가르침에 수고하는 이들을 존경해야 합니다. 이것이 제자훈련의 정신이 됩니다. 평신도 지도자들이 말씀으로 준비되고 훈련되어 다른 영혼들을 섬길 때, 그들을 배나 존경해야 하는 것입니다.

셋째, 말씀을 가지고 영혼을 섬기면 진짜 섬김의 의미를 깨닫게 됩니다. 우리가 말씀을 가지고 섬기는 것은 단순히 말씀을 전하는 것으로 끝내는 것이 아니라 영혼들의 애환과 아픔을 함께 느끼고 기도하는 것입니다. 이것이 진정한 리더십입니다.

목회자는 늘 기쁘고 감사한 상태로 주님을 찬양하는 축복을 누리면서, 한편으로는 성도의 아픔을 나누며 눈물을 흘리고 그들을 위해 기도합니다. 이렇게 성도를 섬기다 보면 하나님께서 진정한 섬김의 리더십이 무엇인지를 깨닫게 하십니다. 말씀을 가지고 영혼을 섬기면서 참된 겸손을 배우고, 그로 인해 영적 권위가 바로 세워집니다. 그렇게 서서히 영적 그릇이 완성되고, 하나님이 그런 우리를 통해 일하시는 것입니다.

시들지 않는 영광의 관

하나님은 좋은 영적 리더의 역할을 감당하는 우리에게 상급을 주겠다고 말씀하십니다.

"그리하면 목자장이 나타나실 때에 시들지 아니하는 영광의 관을 얻으리라" _벧전 5:4.

여기서 "목자장"은 예수 그리스도를 가리킵니다. 사도 요한은 예수님을 "선한 목자"라고 표현했고, 히브리서 기자는 "큰 목자"라고 불렀으며, 베드로전서는 "영혼의 목자와 감독"이라고 표현했습니다.

우리의 목자장 되시는 주님은 우리에게 시들지 않는 영광의 면류관을 주십니다. 고대 올림픽에서는 챔피언이 되면 월계관을 씌워주면서 우승을 축하해주었습니다. 그러나 머리에 쓴 월계관은 금세 시듭니다. 세상의 영광은 이처럼 언젠가 시들해지는 것입니다. 하지만 목자의 심정을 가지고 영혼을 섬기는 우리에게는 시들지 않는 영광의 면류관이 주어집니다.

그렇다면 신실한 영적 지도력으로 섬기는 이들에게 하나님이 주시는 영광의 면류관은 어떤 것일까요?

"우리의 소망이나 기쁨이나 자랑의 면류관이 무엇이냐 그가 강림하실 때 우리 주 예수 앞에 너희가 아니냐"_살전 2:19.

우리로 인해 성숙하고 변화되고 새로운 생명을 얻은 이들이 우리의 면류관이 됩니다. 그리고 그것은 변함이 없습니다. 우리는 새로운 영혼들을 만나 말씀을 가르치고 돌보면서 그들이 변화되고 하나님 앞에서 신실하게 살아가는 모습을 지켜볼 때 큰 기쁨을 느낍니다. 말씀을 전하는 리더로서 그보다 더 큰 기쁨은 없을 것입니다.

영적 지도자는 영적으로 최전선에 있는 사람입니다. 그래서 마귀는 그를 무너뜨리려고 온갖 술수와 계략을 펼칩니다. 또한 영적 지도자의 자리는 고독한 자리요 두려운 자리입니다. 예수님이 피로 값 주고 사신 생명들을 맡은 사람이기에 책임이 막중합니다.

이 자리를 잘 감당하려면 서로 격려하며, 어떤 고난이 있어도 잘 이겨낼 수 있도록 하나님이 붙잡아주시기를 기도해야 합니다. 진정 말씀으로 영혼을 섬기는 영적 지도력을 발휘하여 교회가 든든히 세워지기를 소망합니다.

기도 ● PRAYER

하나님 아버지, 주님이 기뻐하시는 신실한 지도자들을 계속해서 교회 안에 세워주옵소서. 우리 모두 세상을 향해 하나님의 보내심을 받은 소명대로 말씀 사역에 동참하게 해주시고, 그 은혜를 가지고 세상을 섬기며 갖은 고난과 역경도 거뜬히 이겨내는 그리스도인이 되게 해주옵소서. 예수 그리스도의 이름으로 기도드립니다. 아멘.

베드로전서 5:5-7

5 젊은 자들아 이와 같이 장로들에게 순종하고 다 서로 겸손으로 허리를 동이라 하나님은 교만한 자를 대적하시되 겸손한 자들에게는 은혜를 주시느니라 6 그러므로 하나님의 능하신 손 아래에서 겸손하라 때가 되면 너희를 높이시리라 7 너희 염려를 다 주께 맡기라 이는 그가 너희를 돌보심이라

1 PETER

19장

고난의 바다에서
우리를 살리는 구명 장비

"겸손함으로 나의 권리를 내려놓고 다른 이를 섬긴다면
하나님이 하늘의 기쁨과 은혜로 채워주실 것입니다."

그리스도인의 구명 장비

우리는 길면 길고, 짧다면 짧은 항해를 하며 인생의 바다를 건넙니다. 그러다가 때때로 태풍을 만나 뒤집히는 경험을 합니다. 그럴 때 중요한 것이 구명조끼입니다. 이것을 입고 있는 사람은 거친 파도 속으로 들어가도, 인생의 배가 뒤집혀도 살아남을 수 있습니다. 신앙인에게도 이러한 구명조끼가 있습니다. 이것만 붙들고 있으면 거친 세파에도 건강한 신앙인으로 전진할 수 있습니다. 그렇다면 그리스도인에게 인생의 구명 장비란 무엇일까요?

우리가 표류하거나 익사하지 않고 거친 파도를 헤치며 여기까지 온 것은 모두 하나님의 은혜 덕분입니다. 이러한 하나님의 은혜는, 젊은 시절 하나님께 집중하고 말씀을 사랑하며 살았기 때문에 받을 수 있었다고 생각합니다. 저는 청년 시절에 늘 성경 구절을 암송하며 지냈습니다. 암송 구절의 내용은 주로 새로운 삶, 중심 되시는 그리스도, 그리스도께 순종함, 그리스도를 닮아감 등이었습니다. 그런데 예수 그리스도를 닮아가는 첫째 되는 요소는 바로 겸손이었습니다.

본문은 특히 사도 베드로가 젊은이들에게 당부하는 말씀입니다. 젊은 사람들을 향해 장로들에게 순종하고 겸손으로 허리를 동이라고 말합니다. 그러면 하나님이 은혜를 주신다고 말합니다. 이를 통해 알 수 있는 것은 우리 인생이 딱 두 갈래 길로 나뉜다는 것입니다. 하나는 하나님을 대적하며 사는 인생이고, 또 하나는 하나님의 능하신 손 아래에서 그분의 능력과 함께 가는 인생입니다. 우리는 두 갈래 길에서 고민할 필요도 없습니다. 당연히 하나님의 능하신 손과 함께 가는 길이 축복이요 은총입니다.

이때 우리를 새롭게 하는 은혜의 구명 장비가 겸손입니다. 바다에 빠질 때 구명조끼가 있으면 살아날 희망이 있습니다. 마찬가지로 거친 신앙의 바다에서 구명 장비인 겸손을 갖고 있다면 살아날 수 있습니다. 지금 이 순간이 배에 구멍이 뚫려 물이 차오르는 위급한 때라면 하나님이 던져주시는 겸손이라는 구명 장비를 받으십시오.

예수님에게서 배우는 겸손의 의미

겸손은 자기 권리를 포기하는 것입니다. 겸손은 자신에게 권리가 있다 해도 그것을 다 쓰지 않는 것입니다. 예수 그리스도께서는 자신의 권리를 포기하시고 인간의 모습으로 오셔서 우리 인간을 섬기시고 십자가에 달려 돌아가셨습니다. 이 모습이 겸손의 표본이 될 것입니다. 우리에게 주어진 권리가 있지만 그것을 다 쓰지 않고 주님처럼 자기를 비워 종의 형체를 갖는 것, 이것이 겸손의 중요한 핵심이 됩니다.

반대로 교만은 자신의 권리를 주장할 뿐만 아니라 자신의 권리가 아닌 것까지 주장하는 것입니다. 교만의 특징은 다툼이나 허영으로 하는 것입니다. 교만은 힘을 행사하고 남용하여 빼앗습니다. 이러한 교만의 근원은 바로 사탄입니다. 사탄은 하나님의 권리를 탈취하고, 자신의 것인 양속이고, 남용하고, 싸우는 거짓의 아비입니다.

그런데 문제는 우리가 겸손보다는 교만에 빠지기가 쉽다는 것입니다. 내가 쥔 권리를 내려놓기가 참 힘듭니다. 어찌 보면 겸손이 인간의 타락한 본성과 반대되는 것이기 때문인지도 모릅니다.

C. S. 루이스는 "겸손해지기 위한 첫 번째 단계는 자신이 교만하다는 것을 인정하는 것이다"라고 했습니다. 스스로 교만하지 않다고 생각하는 사람이 가장 교만한 사람입니다. 이런 이유로 하나님의 은혜를 올바로 이해하고 깨달은 사람만이 겸손할 수 있습니다. 모든 것이 하나님으로부터 왔다고 생각하는 사람만이 겸손할 수 있습니다. 우리가 가진 모든 것들에 대해 하나님의 선물이라고 생각하는 사람만이 겸손할 수 있습니다.

조나단 에드워즈는 "겸손은 하나님의 은혜를 통해 천국에 속한 것이 이 세상으로 침투하는 초자연적인 현상이다"라고 말했습니다. 겸손은 우리 몸에 자연스럽게 배어든 것이 아니라 하나님의 은혜를 통해 하늘로부터 받는 것입니다. 하늘과 연결된 은혜의 통로가 아니면 천국의 성품인 겸손이 이 땅에 내려올 수 없습니다.

본문 가운데 "겸손으로 허리를 동이라"는 표현은 겸손의 옷을 머리끝부터 발끝까지 입으라는 말입니다. 사도 베드로는 당시 노예들이 사용한 앞치마 같은 것으로 표현했는데, 예수님이 제자들의 발을 씻어주실 때 허리에 두르신 수건과 비슷하다고 보면 됩니다. 쉽게 말하면 사람들과의 관계에 있어서 겸손의 앞치마를 두르고 더러운 발을 씻어줄 준비를 하라는 것입니다. 이는 살다가 거친 환경과 고통과 핍박과 어려움을 당하다 보니 어쩔 수 없이 겸손해지는 것과는 차원이 다릅니다. 이것은 하나님의 은혜를 깨달은 사람만의 자발적 겸손입니다.

예수님은 겸손에 대해 이야기하실 때 잔치 이야기를 비유로 드셨습니다. 만약 잔치에 초대를 받거든 처음부터 윗자리로 가서 앉지 말고, 끝자리에 앉으라는 것입니다. 자신이 윗자리에 앉을 만큼 큰 사람이면 자연스럽게 윗자리로 가게 될 것이기 때문입니다. 그런데 반대로 교만하여 윗자리를 먼저 차지했는데 나중에 밑으로 끌려 내려가게 되면 얼마나 부끄러운 일이 되겠습니까?

이처럼 예수님은 자신을 낮추는 자는 높아질 것이라고 말씀하셨습니다. 진정으로 큰 자는 겸손하게 섬기는 자임을 강조하신 것입니다. 겸손한 자는 여호와께서 높여주실 것입니다.

"진실로 그는 거만한 자를 비웃으시며 겸손한 자에게 은혜를 베푸시나니"
_잠 3:34.

겸손의 옷을 입는다는 것은 자기의 권리를 포기하는 것과 연결됩니다. 중국의 복음전도자 워치만 니Watchman Nee가 겪은 일을 이야기해보겠습니다. 어떤 가난한 그리스도인 농부가 있었습니다. 땅도 별로 없어서 산 중 턱에 논을 만들고 거기에다 물을 대어 농사를 짓는 사람이었습니다. 산 중턱에는 자신의 논이 있고, 그 밑에는 다른 사람의 논이 있었습니다. 이 농부는 고생하여 다른 데서 물을 끌어와 자기 논에 물을 댔는데, 바로 밑 에 있는 논 주인은 어부지리로 그 물을 사용하고 있었습니다. 순간 화가 치밀었지만 꾹 참고 하나님께 지혜를 구했습니다. 농부는 다음 날 아침 물 을 끌어오면서 자기 논보다 아래 논에 먼저 물을 대주었습니다. 그러자 그 논의 주인이 감동을 받은 나머지 예수님을 믿게 되었다고 합니다.

이것이 바로 자기 권리를 다 주장하지 않는 모습입니다. 이것이 겸손 입니다. 그런데 이런 겸손을 취하면 희한하게도 하나님이 기쁨으로 채워 주십니다. 손해 보는 것 없이 내 것을 다 취하고, 내 권리를 다 주장하겠 다는 마음은 교만입니다. 그것이 우리에게 행복을 가져다주지는 않습니 다. 겸손함으로 나의 권리를 내려놓고 다른 이를 섬긴다면, 하나님이 하 늘의 기쁨과 은혜로 채워주실 것입니다.

두 개의 노櫓, 순종과 신뢰

우리가 인생의 바다에서 표류하지 않고 균형을 잡으려면 겸손이라는 구명 장비를 갖추어야 한다고 했습니다. 이때 앞으로 나아가기 위해 필요 한 두 개의 노가 있습니다. 하나는 순종이요, 다른 하나는 우리의 염려를 주께 맡기는 신뢰입니다. 순종과 신뢰는 내 권리를 주장하지 않고 하나님 께 나를 의탁하는 사람들이 갖는 실제적인 표현이요, 중용 감각입니다.

첫째, 순종은 고난의 시기를 이겨낼 수 있는 놀라운 미덕입니다. 교회는 순종 공동체입니다. 하나님께 순종하는 사람은 예수님께 순종합니다. 예수님께 순종하는 사람은 영적 지도자에게 순종합니다. 이것은 가정에서나 사회에서도 그대로 표출됩니다. 특별히 피가 끓고 정의감이 넘치는 젊은이들에게 순종하라고 말하는 것을 보면, 어떤 상황에서도 하나님이 주신 권위에 순종하기를 원하고 있음을 알 수 있습니다.

바로 내 앞에 있는 이득만 보는 사람은 순종할 수 없습니다. 순종은 영원의 시각으로 바라보는 사람만 가능합니다. 이 땅의 삶이 전부라면 나에게 주어진 권리를 주장하고 놓지 않으려는 욕심이 강해질 것입니다. 하지만 우리는 이 삶이 끝난 뒤에 가게 되는 하늘나라의 생이 있습니다. 하늘나라에서 하나님이 채워주실 능력과 위로가 있기에 우리는 기꺼이 권리를 포기하고 순종할 수 있는 것입니다.

1981년 제54회 아카데미 시상식에서 작품, 각본, 음악, 의상의 4개 부문에서 오스카상을 수상한 작품이 있습니다. 그 영화는 바로 〈불의 전차〉Chariots of Fire 입니다. 이 영화에 스코틀랜드 에든버러 출신의 에릭 리델Eric Liddell이라는 육상 선수가 나옵니다. 그는 지성인이면서 영적으로 탁월한 사람이었습니다. 게다가 운동을 잘해서 100미터 달리기 세계기록을 보유하고 있었습니다. 모든 사람들이 그가 이번 올림픽에서도 금메달을 딸 것이라고 예상했습니다.

그는 영국 대표로 올림픽에 나갔습니다. 그런데 100미터 달리기 경기가 공교롭게도 주일날 열리자, 선교사인 그는 주일성수를 위해 경기를 포기했습니다. 대신 평일에 열리는 400미터 달리기에 나가 금메달을 땄습니다.

그의 믿음은 오로지 하나님만 향해 있었습니다. 하나님은 그의 마음에 중국을 향한 꿈을 주셨고, 그는 부르심에 따라 중국 선교사로 자원했습니다. 그러나 안타깝게도 중국을 침략한 일본군에게 잡혀 포로수용소에 끌려가 1945년 2월, 젊은 나이에 숨을 거두었습니다. 마지막 숨을 거두면서 그가 한 유언은 이러했습니다. "완전한 순종!"

그는 자신의 글을 통해서도 "하나님 나라의 비밀을 아는 것은 오직 한 가지, 완전한 순종뿐이다"라고 말했습니다. 완전한 순종이 있을 때, 우리는 주님이 베푸시는 은혜의 주류에 설 수 있습니다.

"너희를 인도하는 자들에게 순종하고 복종하라 그들은 너희 영혼을 위하여 경성하기를 자신들이 청산할 자인 것같이 하느니라 그들로 하여금 즐거움으로 이것을 하게 하고 근심으로 하게 하지 말라 그렇지 않으면 너희에게 유익이 없느니라"_히 13:17.

우리를 인도하는 이에게 순종하고 복종하지 않으면 유익이 없다는 이 말씀은, 우리가 영적으로 성숙에 이르지 못한다는 의미가 됩니다. 특히 젊은이들이 교회 지도자들에게 순종하고 복종하면 그것이 결국에는 자신의 성화를 이루고 은혜의 주류에 서게 하는 것입니다. 그냥 맹종하는 차원이 아닙니다. 겸손한 마음으로 자기 권리를 포기하면 영적인 눈이 열리고, 하나님이 원하시는 사람으로 빚어지고 성숙해집니다.

그러나 우리 사회는 젊은이들에게 원칙과 순종을 가르치기보다는 가슴 밑바닥의 분노를 깨우고 그것을 건드립니다. 요즘 젊은이들은 분노가 일상화되어 있습니다. 젊은이들에게 너희 삶을 어렵게 만들어놓은 기성세대를 향해 돌을 던지라고 부추깁니다. 이러한 때에 베드로의 말씀을 가슴에 새겨야 합니다. "젊은 자들아 이와 같이 장로들에게 순종하라!"

장로라 함은 영적으로 성숙한 사람을 가리키기도 하지만, 나이 든 연장자를 의미하기도 합니다. 젊은 시절에 저지르는 실수 중의 하나는 자신이 모든 문제를 해결할 수 있다고 생각하는 것입니다. 내가 다 안다는 착각에 사로잡혀 있습니다. 만약 제가 다시 젊은 시절로 돌아간다면 그런 어리석은 생각은 하지 않을 것입니다. 대체로 삶의 지혜는 경험을 많이 한 연장자에게서 나오는 법입니다. 물론 젊은 사람도 지혜로울 수 있지만, 살아온 세월을 무시할 수는 없습니다. 30~40대는 열정으로 일하고, 50대는 신뢰로 일하고, 60~70대는 지혜와 덕으로 일한다는 말도 있습니다.

"너는 센 머리 앞에서 일어서고 노인의 얼굴을 공경하며 네 하나님을 경외하라 나는 여호와이니라"_레 19:32.

여기서 "센 머리"는 머리가 희게 세었다는 의미입니다. 즉, 나이가 든 어른 앞에서 일어서고, 그 노인의 얼굴을 공경하라는 말입니다. 이는 하나님을 경외하는 것과 맞닿아 있습니다. 젊은이들은 끊임없이 어른을 찾아가고 물어보고 지혜를 얻어야 합니다. 특히 신앙의 연륜이 깊은, 영적으로 성숙한 어른들을 찾아가는 일은 인생에서 매우 특별한 경험이 됩니다.

둘째, 염려를 다 주께 맡기는 신뢰입니다.

"너희 염려를 다 주께 맡기라"_벧전 5:7.

J. B. 필립스 J. B. Phillips 는 이 말씀을 이렇게 풀이합니다.

"당신의 무거운 짐을 모두 주님께 맡기십시오. 주님의 개인적인 관심사는 당신의 짐이 아니라 바로 당신 자신입니다."

주님 앞에 모든 걱정의 짐을 내려놓으라는 말입니다. 여기서 '맡기다'라는 말은 힘껏 던져버리라는 뜻입니다. 이것은 마치 긴 산행을 마친 산악인이 무거운 배낭을 바닥에 쿵 하고 내려놓는 것과 같습니다. 우리의 염려를 주님 앞에 기꺼이 쿵 하고 내려놓으십시오.

'염려'를 영어로 하면 'anxiety'인데, 이는 '뜻과 마음이 나누어지다', '마음이 분열되다'라는 의미입니다. 염려하면 우리의 마음이 나뉘고 분열됩니다. 생각이 분산되고 혼란스러워 불안감에 떨게 됩니다. 그러므로 우리는 주님께 모든 염려를 맡겨야 합니다.

우리가 하는 수많은 염려 중에 하늘과 땅이 놀랄 만한 일은 거의 없습니다. 복음적 평화통일이나 영적 강국이 되기 위한 고민에 빠진 적이 있습니까? 대부분 나의 안위와 행복과 일상에서 오는 작은 고민과 염려 때문에 우리의 마음과 생각이 혼란스러울 것입니다. 여기서 중요한 것은, 이러한 염려와 걱정거리는 우리 스스로 당장 해결할 수 없는 것입니다. 어떤 염려는 시간이 지나면 자연스럽게 해결되고, 어떤 염려는 하나님의 때에 하나님의 방법으로 해결될 것입니다. 그러므로 우리가 할 수 있는 것은 염려를 모두 주께 맡기는 것입니다. 그러면 주님이 우리를 돌보실 것입니다.

"하나님의 뜻대로 하는 근심은 후회할 것이 없는 구원에 이르게 하는 회개를 이루는 것이요 세상 근심은 사망을 이루는 것이니라"_고후 7:10.

하나님이 주시는 염려와 근심은 우리를 회개와 성숙에 이르게 하고, 세상 근심과 걱정은 사망과 죽음을 가져온다고 했습니다. 우리 모두 염려를 주님께 다 맡기고 영적 건강을 회복하기를 바랍니다.

사람은 피가 탁해지면 건강을 망칩니다. 영적으로도 마찬가지입니다. 우울과 걱정과 고통 가운데 오래 있으면 영적인 피가 탁해집니다. 원망과 불평과 교만은 우리의 마음을 나누고 혼란스럽게 만들며, 건강한 사고를 못하게 합니다. 겸손한 마음으로 주님 앞에 염려를 내려놓으면 하나님이 우리의 배를 제대로 이끌어주실 것입니다.

그렇다고 모든 것을 주님께 맡기고 두 손 두 발 놓고 아무것도 안 해서는 안 됩니다. 신앙은 균형이 중요합니다. 침묵주의자quietist, 정적주의자 들처럼 하나님의 돌보심만 생각하고 아무 일도 하지 않는 것은 잘못된 자세입니다. 우리는 차가운 지성주의자가 되어서도 안 되고, 무분별한 영적 신비주의자가 되어서도 안 됩니다. 하나님 앞에서 믿음에 덕을, 덕에 지식을 쌓아서 균형 잡힌 신앙인의 모습을 갖추어야 할 것입니다.

우리가 순종한다고 해서 하나님이 조종하시는 로봇처럼 살게 되는 것은 아닙니다. 하나님은 우리를 조종하시는 분이 아니라 인생의 바다에서 거친 파도를 함께 헤쳐나가는 보호자가 되십니다. 우리가 겸손이라는 구명 장비를 갖추고 언제든 꺼내 쓸 수 있도록 체화시키며, 순종과 신뢰라는 두 개의 노를 저어갈 때 인생의 바다를 두려워하지 않게 될 것입니다.

기도 ● PRAYER

하나님 아버지, 진리의 영이신 성령님을 통해 깨달은 말씀이 겸손을 통한 능력으로 나타나게 해주옵소서. 우리 모두가 예수님이 보여주신 참된 겸손으로 허리를 동이고, 순종과 신뢰로 인생의 거친 바다를 헤쳐나가도록 도와주옵소서. 우리는 나약한 존재입니다. 하지만 주님이 계시기에 의지하고 염려를 다 맡깁니다. 주님이 모든 염려를 해결해주시리라 믿고, 우리는 믿음과 덕을 쌓아가는 데 매진하게 하옵소서. 예수님의 이름으로 기도드립니다. 아멘.

베드로전서 5:8-14

[8]근신하라 깨어라 너희 대적 마귀가 우는 사자같이 두루 다니며 삼킬 자를 찾나니 [9]너희는 믿음을 굳건하게 하여 그를 대적하라 이는 세상에 있는 너희 형제들도 동일한 고난을 당하는 줄을 앎이라 [10]모든 은혜의 하나님 곧 그리스도 안에서 너희를 부르사 자기의 영원한 영광에 들어가게 하신 이가 잠깐 고난을 당한 너희를 친히 온전하게 하시며 굳건하게 하시며 강하게 하시며 터를 견고하게 하시리라 [11]권능이 세세 무궁하도록 그에게 있을지어다 아멘 [12]내가 신실한 형제로 아는 실루아노로 말미암아 너희에게 간단히 써서 권하고 이것이 하나님의 참된 은혜임을 증언하노니 너희는 이 은혜에 굳게 서라 [13]택하심을 함께 받은 바벨론에 있는 교회가 너희에게 문안하고 내 아들 마가도 그리하느니라 [14]너희는 사랑의 입맞춤으로 서로 문안하라 그리스도 안에 있는 너희 모든 이에게 평강이 있을지어다

1 PETER

20장

근신하고 깨어라!
마귀를 대적하라!

"참고 견디고 이기는 자에게 하나님의 강력한 주권이 선포되어 온전하고,
굳건하고, 강하고, 견고해지는 은혜를 누리게 되는 것입니다."

우는 사자같이 덤비는 마귀

초대 교회 성도들은 기독교가 탄압받는 시대를 살았습니다. 폭군 네로는 말로 다할 수 없는 핍박과 고난의 불로 그리스도인들을 괴롭혔습니다. 이런 일들이 성행하던 로마처럼 우리가 살아가는 한국도 그리 다르지 않습니다. 눈에 보이는 핍박은 없을지라도 더 큰 영적 전쟁이 일어나고 있습니다. 이렇게 치열한 영적 전쟁의 장에서 살아남기 위해서는 우리가 매일매일 깨어 있으면서 마귀를 대적해야 합니다.

"근신하라 깨어라 너희 대적 마귀가 우는 사자같이 두루 다니며 삼킬 자를 찾나니 너희는 믿음을 굳건하게 하여 그를 대적하라"_벧전 5:8-9.

마귀를 대적하는 것은 고난과 환난의 바다에서 우리가 익사하지 않고 살아남을 수 있는 생존 장비가 됩니다. 마귀는 끝도 없이 우리를 삼키려고 몸부림을 칩니다. 사도 베드로는 "우는 사자같이 두루 다니며"라는 표현을 쓸 때 당시 콜로세움에서 그리스도인들을 찢어 죽인 사자들을 떠올렸을 것입니다. 그만큼 공포스럽고 무서운 것입니다. 마귀는 사자처럼 교활하고 잔인하고 포악합니다.

> "사자가 자기의 굴에 엎드림같이 그가 은밀한 곳에 엎드려 가련한 자를 잡으려고 기다리며 자기 그물을 끌어당겨 가련한 자를 잡나이다"_시 10:9.

마귀가 마치 사자와 같이 은밀한 곳에 엎드려 가련하고 나약한 자를 잡으려고 기다리다가 그물을 끌어당겨 잡습니다. 참 끔찍하고 기가 막힐 노릇입니다. 이런 상황에서 사도 베드로는 우리가 살아남기 위한 방법으로 정신이 번쩍 나는 단어를 사용하고 있습니다.

> "근신하라 깨어라"_벧전 5:8.

"근신하라"는 말은 사도 베드로가 아주 선호하는 단어입니다. 자기 자신이 근신하지 못하여 예수님을 세 번이나 부인한 경험이 있기 때문입니다. 그래서 더더욱 그때 일을 떠올리며 근신하고 깨어 있으려고 했습니다. "근신하라"는 말의 본래 뜻은 중독되거나 취하지 말라는 것입니다. 우리를 취하게 하거나 중독되게 하는 물질로부터 자신을 통제하라는 것입니다. "깨어라"에는 졸음을 물리치고 시험에 넘어가지 않도록 주님 오실 날을 대비하라는 뜻이 담겨 있습니다.

여기서 우리는 먼저 마귀가 어떤 존재인지 알아야 합니다. 마귀는 추상적이거나 가상적이지 않고, 실재하는 존재입니다. C. S. 루이스는 '마귀가 과연 존재할까?'라는 의문을 갖는 것 자체가 시험에 드는 것이라고 말했습니다. 마귀는 하나님을 대적하며 그분의 자녀들을 멸망시키려고 끊임없이 속이는 자입니다. 마귀는 천상에서 하나님을 대적한 타락한 천사장이며, 그 반란에 다수의 천사들이 동참했고, 성경은 이 반란에 동참한 천사들을 일컬어 사탄이라고 말합니다.

마귀는 하나님처럼 전지전능하거나 무소부재하지 않습니다. 그러니 마귀의 존재를 너무 과대평가할 필요는 없습니다. 병들고 아픈 것 등을 마귀의 탓으로 돌리는 것은 신학적인 무지와 불균형 현상 때문이라고 할 수 있습니다. 마귀는 하나님이 허용하시는 범위 내에서 움직입니다. 하나님의 절대 주권 아래에 있는 존재인 것입니다. 그리고 마귀는 궁극적으로 하나님의 사람을 완전히 소유할 수 없습니다. 그 이유는 우리가 성령으로 예수님을 믿었기 때문입니다. 우리를 유혹하고 넘어뜨리고 고통과 시험에 처하게 만들지만 우리의 전부를 앗아가지는 못합니다.

그렇다면 한 가지 의문이 생깁니다. '왜 하나님은 마귀를 허용하시는 것인가?' 하는 문제입니다. 심지어 예수님이 성령 충만한 가운데 기도하실 때에도 마귀가 나타나 예수님을 시험했습니다. 지금도 기독교의 수많은 지도자들이 마귀의 유혹과 공격에 넘어져 실족하는 경우가 종종 있습니다. 이런 때에 하나님이 마귀의 세력을 단번에 무너뜨리시면 좋은데, 왜 그냥 지켜만 보시는 것일까요?

우리를 훈련시키는 마귀의 공격

우리는 본래 부패한 본성을 가진 존재입니다. 이러한 본성을 이겨내기 위해서는 수시로 훈련되고 자극을 받아야 합니다. 그런 의미에서 마귀의 공격은 나태해질 수 있는 우리 삶을 근신하게 만듭니다. 마귀가 우는 사자같이 으르렁거리면서 덤비지 않으면, 우리는 긴장이 풀어진 채 나태해지고 육신의 본성대로 끌려가 무기력한 신앙생활을 하게 될 것입니다. 신앙에 대한 열정이 식고, 부패한 본성대로 살게 되는 것입니다.

그것을 아시는 하나님이 우리에게 마귀의 공격을 허락하십니다. 우리가 주전자 안의 개구리처럼 조금씩 가열되는 온도에 적응하다가 마지막에 뜨거운 물에 죽게 되는 것을 막으시기 위해서입니다. 마귀의 공격으로 우리는 말씀을 더 붙들고, 졸지 않으려고 근신하고 애씁니다.

또한 마귀의 공격을 허용하시는 이유는 유혹 앞에서 우리의 충절과 본심이 드러나기 때문입니다. 마귀의 공격을 받을 때는 하나님을 향한 우리의 믿음이 평가받는 순간입니다. 마귀의 유혹을 뿌리치지 못하면서 하나님을 신뢰하고 사랑한다고 말할 수 없습니다. 하나님은 죄를 짓고자하는 내 안의 열망보다 주님을 위한 더 큰 열정을 키우기를 원하십니다.

무디기념교회의 어윈 루처_{Erwin Lutzer} 목사는 "우리가 마귀의 유혹에서 벗어나 순종하기 위하여 하나님을 향해 고개를 드는 그 순간, 하나님에 대한 우리의 사랑이 증명된다"고 말했습니다. 마귀의 공격 앞에서 주님을 향한 우리의 충심과 믿음이 확인될 수 있어야 합니다. 이런 측면에서 마귀의 유혹은 우리의 신앙을 살펴보는 현미경이나 돋보기가 됩니다.

그러면 마귀는 우리를 공격하기 위해 어떤 방법을 사용할까요? 마귀의 도구 노릇을 하는 인간 유형에 대해 살펴보겠습니다.

첫째, 마귀는 보이지 않는 영적 세계에 숨어 있으면서 악한 인간들을 통해 자신의 영향력을 행사합니다. 대표적으로 헤롯 왕이 있습니다. 마귀는 예수 그리스도의 구원 사역을 망치기 위해 헤롯 왕을 조종했습니다. 가룟 유다 역시 예수님의 구원 사역을 방해하기 위한 도구로 쓰였습니다. 우리 가운데 이런 비참한 역할을 하는 이는 없어야 할 것입니다.

둘째, 예수 믿는 사람들이 마귀의 유혹에 넘어가는 경우입니다. 삼손은 육신의 정욕에 눈이 멀어 자신의 능력을 잃어버렸습니다. 아나니아와 삽비라는 교회 헌금을 하는 과정에서 돈에 대한 욕심이 생겨 거짓말을 함으로 죽음을 맞이했습니다. 예수 믿는 사람들 가운데 육신의 본성이 강하게 남아 있으면, 마귀가 집중 공략을 합니다.

요즘은 마귀가 부부관계, 자녀관계, 사회관계 등을 파괴하는 방법을 사용합니다. 서로 이간질시키고 상처를 주게끔 상황을 몰아갑니다. 마귀의 아주 간악한 본성이라고 할 수 있습니다. 사도 바울은 이를 경계하기 위해 고린도전서 7장에서 다음과 같이 이야기합니다.

"남편은 그 아내에 대한 의무를 다하고 아내도 그 남편에게 그렇게 할지라"
_고전 7:3.
"서로 분방하지 말라 다만 기도할 틈을 얻기 위하여 합의상 얼마 동안은 하되 다시 합하라 이는 너희가 절제 못함으로 말미암아 사탄이 너희를 시험하지 못하게 하려 함이라"_고전 7:5.

오늘날 많은 부부들이 각자의 성격과 자존심, 살아온 배경 차이 등으로 상처받고 갈라서기를 쉽게 합니다. 하지만 그 이면에는 사탄의 시험이 있음을 깨달아야 합니다.

사탄의 공격은 교회에서도 일어납니다. 교회의 지도자들이 사탄의 공격에 안일하게 대처하는 등 취약한 점들이 참 많습니다. 디모데전서 3장을 보면 감독과 집사 등 교회 지도자에 대한 이야기가 나오는데, 교회는 좋은 지도자를 세워야 하며 지도자가 바로 서지 못하면 마귀의 올무에 빠진다고 했습니다.

마귀의 공격에 대응하는 방법

시시때때로 틈새를 파고들며 가하는 마귀의 공격에 우리는 어떻게 대응해야 할까요?

첫째, 근신하여 깨어 있어야 합니다. 사탄은 적당히 유혹하고 공격하는 존재가 아닙니다. 우리를 끝까지 물고 늘어지고 찢어 삼키며 고통을 주는 존재입니다. 사탄은 우리를 집어삼킬 때까지 으르렁거립니다. 그리고 우리가 풍성한 은혜 가운데 있을 때도 찾아옵니다. 우리의 본성을 잘 알고 급소를 찌릅니다. 우리의 약한 부분, 심령 깊숙한 곳에서 쉽게 유혹받을 만한 부분을 기가 막히게 알고 공격을 가합니다.

특히 세상의 즐거움으로 우리를 유혹할 때가 많습니다. 이 정도는 즐겨도 괜찮다고 속삭입니다. 이 정도 죄는 저질러도 괜찮다고 손짓합니다. 아주 작은 부분에서 우리로 하여금 갈등하게 만들고, 자기 합리화를 하도록 교묘하게 유혹합니다. 이런 유혹에 넘어가지 않도록 우리의 마음과 생각을 하나님께 고정시켜야 하지만 우리의 본성이 쉽게 변하지 않는 것이 문제입니다.

10여 년 전 미국에서 일어난 이야기입니다. 티모시 트레드웰Timothy Treadwell 이라는 유명한 곰 조련사가 있었습니다. 그는 알래스카에서 야생 곰과 대화를 나누기도 했습니다. 방송국에서는 그가 곰과 지내며 연구하는 모습을 촬영했습니다. 그는 곰이 대체로 무해하고 사교적인 동물이라고 주장했습니다. 그의 유명세가 날로 높아지면서 인기 프로그램인 〈데이비드 레터맨 쇼〉The Late Show With David Letterman 에 출연하기도 했습니다. 그로부터 2년이 지난 어느 날, 알래스카 국립공원에서 그는 여자친구와 함께 온몸이 갈기갈기 찢긴 채 발견되었습니다. 아무리 곰을 잘 조련한다고 해도 결국 곰의 야성을 없애지는 못한 것입니다.

야생동물의 본능보다 더 무서운 것이 우리 안에 있는 부패한 죄의 본성입니다. 우리는 각자의 약한 부분을 잘 파악하고 그 부분에 있어 늘 깨어 있어야 합니다. 마귀의 달콤한 유혹에 넘어가지 않도록 말입니다.

둘째, 복음의 능력을 체험하고 선포해야 합니다. 마귀에 대적하려면 힘이 필요합니다. 그 힘과 능력은 복음에서 나옵니다. 복음은 모든 믿는 자에게 구원을 주시는 하나님의 능력이 된다고 했습니다. 하나님께 전적으로 의탁하고 섬기는 종으로 살면, 자연스럽게 증인의 삶을 살게 됩니다. 복음 전도와 선포는 성령님의 역사하심을 통해 마귀의 세력을 이길 수 있는 제2의 본능이 됩니다.

"우리는 보고 들은 것을 말하지 아니할 수 없다 하니"_행 4:20.

우리는 하나님의 증인으로 살 신분을 얻었습니다. 그러므로 성령님이 주시는 새로운 제2의 본능을 회복해야 합니다. 보고 들은 것을 말하지 않을 수 없는 복음 선포의 능력을 하나님이 허락해주셨기 때문입니다. 이 능력이 없으면 우리의 신앙생활은 밋밋해질 것이며, 마귀의 숱한 유혹에 휘청거릴 것입니다.

영적 전쟁에서의 승리

우리가 치열한 영적 전쟁에서 근신하여 깨어 있고 복음을 선포하며 영적 능력을 발휘할 때, 하나님은 고난 가운데 있는 우리에게 축복을 내려주십니다.

"모든 은혜의 하나님 곧 그리스도 안에서 너희를 부르사 자기의 영원한 영광에 들어가게 하신 이가 잠깐 고난을 당한 너희를 친히 온전하게 하시며 굳건하게 하시며 강하게 하시며 터를 견고하게 하시리라"_벧전 5:10.

하나님이 잠깐 고난을 당하는 우리에게 주시는 축복은 다음과 같습니다.

첫째, 온전하게 하심입니다. 이 말은 우리가 받은 상처가 무엇이든지 간에 그것을 주님이 깨끗하게 치유해주신다는 뜻입니다. 우리가 어떤 좌절을 겪는다 하더라도 주님이 그 좌절을 회복시켜주실 것입니다.

둘째, 굳건하게 하심입니다. 이것은 용기가 필요한 자들에게 복을 허락해주신다는 뜻입니다. 주님이 나약한 종잇장과도 같은 우리에게 강철판을 씌워주셔서 마귀가 쏘는 창날에 끄떡없도록 해주시는 것입니다.

셋째, 강하게 하심입니다. 강하게 한다는 말은 확고한 기초 위에 영적 말뚝을 박게 하신다는 뜻입니다.

넷째, 터를 견고하게 하심입니다. 주님은 우리를 굳건한 반석 위에 세우시고 완전하게 하십니다. 반석 되신 예수님 위에 우리의 인생을 지음으로 말미암아 흔들림이 없게 되는 축복입니다.

이 네 가지를 일컬어 신학적으로 "성도의 견인이 있는 하나님의 백성은 하나님의 놀라운 주권이 날마다 선포되는 삶을 산다"고 표현합니다. 참고 견디고 이기는 자에게 하나님의 강력한 주권이 선포되어 온전하고, 굳건하고, 강하고, 견고해지는 은혜를 누리게 되는 것입니다. 그리하면 결과적으로 "권능이 세세 무궁하도록"^{벧전 5:11} 있게 됩니다.

참된 예배의 증언자

"내가 신실한 형제로 아는 실루아노로 말미암아 너희에게 간단히 써서 권하고 이것이 하나님의 참된 은혜임을 증언하노니 너희는 이 은혜에 굳게 서라 택하심을 함께 받은 바벨론에 있는 교회가 너희에게 문안하고 내 아들 마가도 그리하느니라" _벧전 5:12-13.

여기서 "실루아노"는 실라를 말합니다. 사도 베드로의 비서장 역할을 한 사람입니다. 이렇게 신실한 형제인 실라와 믿음의 아들인 마가는 하나님의 은혜를 증언했습니다. 우리 역시 참된 예배의 증언자가 되어야 할 것입니다. 그리고 그 은혜에 굳게 서야 합니다.

하나님의 은혜에 굳게 서기 위해서는 첫째, 말씀의 진리에 뿌리를 내리고 말씀에 굳게 서야 합니다. 둘째, 무시로 기도 가운데 영적인 무장을 해야 합니다. 셋째, 곡조 있는 기도인 찬양 가운데서 은혜를 견고하게 해야 합니다. 넷째, 성도 간의 교제를 힘써야 합니다. 다섯째, 교회 안에서 안과 밖의 봉사에 힘써야 합니다. 여섯째, 복음 전도와 선교에 집중해야 합니다. 일곱째, 제자훈련을 통해 성숙한 제자로 자라나야 합니다. 여덟째, 이 모든 것의 총체가 예배가 되어야 합니다. 예배 안에 말씀과 기도와 찬양과 교제와 봉사와 헌금과 선교와 제자훈련이 다 들어 있습니다. 따라서 우리는 예배를 통해 주님 앞에 성화되는 축복을 누리게 됩니다.

우리는 연약한 자들입니다. 마귀의 공격 목록에 올라 날마다 실패할지도 모릅니다. 그럼에도 불구하고 주저앉거나 포기하면 안 됩니다. 결코 환난의 바다에 빠지지 말고, 아무리 어려워도 포기하지 마십시오. 나의 능력 없음을 한탄할 때마다 주님은 포기하지 말라고 응원해주십니다. 그런 하나님의 응원과 격려에 귀 기울이며 근신하고 깨어서 마귀의 공격에 대처하는 굳건한 신앙을 세우기 바랍니다.

기도 ● PRAYER

하나님 아버지, 절대로 우리를 포기하지 않으시는 줄로 믿습니다. 우리가 아무리 어려운 고난에 처하고 영적 전쟁 가운데 휘말린다 해도 우리에게 마귀의 유혹을 이겨내는 강인함을 허락해주옵소서. 마귀의 유혹 앞에 무릎 꿇지 않도록 근신하여 깨어 있고, 복음의 능력을 선포하며 굳건하게 버티는 주님의 자녀 되게 하옵소서. 예수 그리스도의 이름으로 기도드립니다. 아멘.